호주 반평 집에서
행복을 느끼는 법

호주 *반 평* 집에서 행복을 느끼는 법

발행일	2022년 7월 18일

지은이	권대익
펴낸이	최수용
펴낸곳	레코드북스
출판등록	2021. 5. 20.(제2021-000011호)
블로그	blog.naver.com/bradp18
인스타그램	instagram.com/bradp1834
이메일	recordbooks@naver.com
전화번호	010-6669-6150

편집/디자인	(주)북랩
제작처	(주)북랩 www.book.co.kr

ISBN	979-11-977474-1-0 13960 (종이책)

호주 시골 반 평 텐트에서 영어와의 짠한 동거가 시작되다

호주 반 평 집에서 행복을 느끼는 법

권대익 지음

인생의 밑바닥에 놓였던 시절
퇴사하고 떠나 맨몸으로 부딪쳤던

'찐' 호주 워킹 홀리데이 스토리!

레코드·북스

프롤로그

평상시처럼 책을 읽다 문득 영어에 대한 갈증을 느끼면 킨들Kindle*을 꺼내 영어 원서를 펼쳐 든다. 모르는 단어는 영한사전을 통해 해결하고, 너무 많다 싶으면 애써 무시해 가며 맥락을 중심으로 내용을 이해한다. 독서에 대한 목마름을 해소한 후 좀 더 여유가 있으면 피아노 앞에 앉아 연습했던 곡을 벗 삼아 스트레스를 푼다. 지워지지 않는 삶의 흔적을 남기고 싶을 때는 블로그를 통해 내 생각을 언어로 치환하는 법을 연습한다.

지금으로부터 6년 전, 나는 내가 이러한 취미를 가질 수 있을 것이라고는 한 번도 생각해 본 적이 없었다. 영어에 대해서는 트라우마를 지니고 있었고 대학생 때 고작 3개월 배운 피아노를 다시 쳐 보겠다는 마음은 허황된 바람에 가까웠다. 그나마 글쓰기는 꾸준히 했지만 이것마저 한때는 소홀했다. 글을 쓰는 것이 내 삶에 아무런 도움이 되지 않는다고 여겼던 탓이다. '먹고사니즘'에 치여 드러냈던 내 글은 취미

---

* 킨들Kindle: 아마존닷컴에서 판매하는 전자책 디바이스.

4

활동이 아닌, 삶에 의미를 부여해 줄 것을 찾고자 노력했던 '생존 활동'에 가까웠다.

'실패한 경험은 없어'라는 말은 기존의 원고(「생각대로 산다」)를 전면 개정하면서 내 삶을 관통했던 단 하나의 문장이었다. 그간 고집스런 결정으로 인해 안 좋은 결과를 초래했던 도전들도 비록 실패로 끝났을지언정 앞으로 내가 마주할 경험들에서는 훌륭한 영양분이 되어 주었다. 트라우마에 시달렸던 영어도 이제는 원서를 읽는 단계에, 한 손 건반만 겨우 익혔던 피아노도 어느덧 여러 곡을 치는 단계에 이르렀다. 애써 무시했던 글쓰기는 내 생각을 가장 효과적으로 전달할 수 있는 수단으로 자리 잡았다.

방황한다는 건

스물일곱 살, 첫 직장에서 무기력하게 나와 버린 나는 정말 그야말로 하얀 백지가 된 기분이었다. 어렵사리 취업문을 뚫었지만 급여는 박봉을 넘어 생계를 위협하는 수준이었다. 설상가상으로 나는 공백기를 가질 수 없었고, 현실에 당면한 순간의 결정들은 기존에 내가 익혔던 삶의 문법하고는 전혀 다른 궤적을 보여 주었다. 인생 전체를 봐도 순탄치 않은 삶이었다. 그럼에도 첫 직장에서 맞은 퇴사와 그 이후 확연히 다른 삶을 조명해야만 했던 순간만은 여전히 내 뇌리에 강렬하게 기억되고 있다. 이유가 뭐였을까? 그건 아마 어떤 인생을 살아야 하는지에 대한 첫 고민의 출발이어서가 아니었을까? 삶에 정답이 없다는 것을 몸소 깨달았던 나는 그동안 배워 왔던 지식의 총합, 나아가 오감으로 느껴지는 감정의 떨림까지 예민하게 받아들여야 했다. '~하게 살아야 한다'가 아닌 '~하게 살고 싶다'의 마음을 가지기까지는 지금껏 내가 살면서 겪었던 가장 치열한 고민이자 제일 값진 선택의 한 기로에 서 있었다.

그 시절 분명히 나는 방황했다. 세상은 내게 처음으로 해답이 없는 문제에 대해 스스로의 답을 작성하라고 요구했다. 정답이 넘쳐나는 사회에서 이전에는 한 번도 볼 수 없었던, 객관식 문제처럼 어떠한 보기가 있는 것도 아닌, 끝도 없는 빈칸만 덩그러니 주어졌다. 그로부터 지금껏 나는 삶을 그려 오는 동안 내가 설계한 답을 써 내려가고 있다. '경험'이란 가치를 내 안의 모티브로 삼아 나만이 풀 수 있는 공식을 만들어 가고 있다.

방황이라는 단어를 부정적으로만 보는 사람들에게 한 가지 이야기해 주고 싶다. 인생에서 갈림길이라는 것은 반드시 두 가지 길만 의미하는 것은 아니다. 말 그대로 여러 갈래로 나뉜 길을 의미하며, 그 안에서 갈팡질팡한다는 것은 무릇 아직은 채색이 덜 된 우리 삶에 어떤 색을 입힐지 고민하는 과정이다. 즉 우리가 살면서 부딪혀야 하는 가장 필연적인 단계이며 고를 수 있는 선택지도 다양해지는 시점이라는 것이다. 역설적인 건 이 과정에서 우리에게 가장 주체적인 결단이 요구되어지기도 한다. 그리고 이 같은 결정이 반복될수록 우리의 삶은 훨씬 더 단단해진다.

가장 치열했던 고민의 시간들을 기록했다. 퇴사를 하고 호주에는 왜 갔으며 영어 원서 독서는 왜 해야 했는지, 내밀한 이유를 나열했다. 나아가 동경하던 직업을 포기하고 책을 쓰게 된 배경과, 경험을 가치 있는 과정으로 만들어 내기까지의 여정을 꾹꾹 눌러 담았다.

부디 공감이 되었으면 하는 바람이다.

목차

V _ 한국에 와서

워킹 홀리데이를
결정하기까지

1
인생을 리셋할 시점

고작 3개월만 다니려고

"대익 씨, 정말 이따위로밖에 일을 못하면 저도 커버 치는 데 한계가 있어요. 대표님도 대익 씨를 보는 눈빛이 요새 많이 다르던데…. 정말 이번이 마지막이에요. 아시겠어요?"

"저… 대리님, 저 그냥 그만두겠습니다."

"네? 뭐라고요?"

더는 참을 수 없었다. 그렇지 않아도 퇴사 시점을 엿보고 있었는데 마침 대리 놈이 아주 핑계 대기 딱 좋은 상황으로 나를 몰아가고 있었다. 더 이상은 그 인간의 비열한 말투도, 언제 불똥이 튈지 모르는 다혈질적인 횡포를 고스란히 감내하기 싫었다. 회사는 아무 데나 들어가는 게 아니라더니 그 말이 딱 맞는 것 같았다.

직장 상사와의 인간관계가 퇴사 이유에서 큰 비중을 차지한 것은 아니었다. 고민의 시발점은 정말 현실적인 여건에서 터져 나왔다. 그건 바로 피부로 느껴지던 솜털 같은 급여와 서울을 가로지르는 출퇴근 거리였다. 세금을 제하고 160만 원을 하사해 주는 우리 회사는 급여에 식대도 포함된 존귀한 회사였다. 그래서 식당에 가면 뭘 먹을지보다는 가격의 앞자리가 7로 시작하는지 8로 시작하는지—2016년 기준이다—가 먼저 눈에 들어왔고, 어쩌다 1만 원이 넘는 식당이라도 가게 된다면 나를 제외한 상사들의 급여 액수에 강한 의구심을 품었다. 물론 점심 약속이 있다는 핑계를 대고 편의점 라면도 꽤 자주 먹었다. 10만 원으로 책정된 내 점심 식대를 정말 10만 원 선에서 해결할 수 있는지 궁금해서였다. 출근이 10시인데 7시에 일어나야 하는 것도 나를 미치게 만들었다. 나는 분명 서울에 살고 회사도 서울에 있었다. 그렇지만 퇴근 후 두 시간 가까이 걸리는 지하철과 마을버스와의 조합은 내 마음속에서 이미 업무 시간을 벗어난 야근 시간으로 간주되었다. 7시 칼퇴를 하고 도망치듯 빠져나왔는데도 집에 왔을 때 초침은 어느새 9시를 가리키고 있었다.

'아— 진짜 이건 아니지 않나?'

나름 희망했던 경영지원 부서였고 그곳에서 제대로 된 성장 기반도 닦고 싶었다. 그러나 매일 네 시간씩 소요되는 출퇴근길에 온갖 최신 뉴스를 습득하고 다양한 책을 읽어 봐도 시간이 버려진다는 느낌만은 지울 수 없었다.

퇴사를 결심한 가장 결정적인 계기는 회사의 회식 자리에서 웃고 즐기는 내 모습에 혐오감이 느껴질 무렵부터였다. 쥐뿔도 없는 내가 자기 계발 하기에도 모자란 시간에 술을 좋아한단 핑계로 얼렁뚱땅 알랑방귀나 뀌려는 모습이 무척 한심해 보였다. 혐오감이 우울증으로 번지지 않기 위해서는 결단이 필요했다. 그렇게 나는 내 인생 첫 퇴사라는 걸 해 보게 되었다.

스물일곱 살, 가을이 주는 공기는 솔직히 말하면 아직 따뜻했다. 여전히 20대 중반이었고 첫 직장의 비극은 누구나 한 번쯤 경험했을 이야기였다. 서점에 가면 퇴사를 주제로 한 책들이 인기를 끌었고 장수한 저자의 『퇴사의 추억』은 마침 그해의 대표 베스트셀러였다. 그러나 훌륭했던 저자의 이력과는 달리 나에게는 가진 것도, 그렇다고 '앞으로의 무엇'도 없었다. 탈출을 가장한 도망이라 미래에 대한 계획을 그려 볼 정신마저 없었다. 더군다나 나는 이 무렵 엄마와 함께 무거운 인생계획을 이제 막 끝내 행동으로 옮기던 시점이었다.

"걱정 마, 엄마. 내가 이렇게 무책임하게 나왔어도 우리 집 빚 갚는 데는 문제없게 해 줄게!"

나는 엄마가 어렵게 장만한 아파트의 대출금을 같이 갚아 나가고 있었다. 당시 빚은 1억 7000만 원이었고 나는 매달 70만 원을 지원해 주고 있었다. 도망친 것과 별개로 나는 내가 내뱉은 약속을 지키고 싶었다. 그러지 못하면 왠지 그냥 뻔한 인생의 흔한 단역으로만 남을 것 같아서였다. 주인공으로 살기 위해선 그에 따른 역경도 필요한 법. 그래서 일단 방구석에서 허우적대기 전에 먹고살 궁리부터 하기 시작했다.

엄마는 투엑스라지야

백수가 되자마자 가장 먼저 이런 생각이 들었다.

'이왕 이렇게 된 거, 경험하지 못한 일을 해 보면서 내 생활에도 맞는 적절한 수준의 급여란 게 얼마인지도 좀 알아야겠다.'

알바라고 해도 좋을 만큼의 사무직 경험이었다. 그러나 다음에는 뭔가 새로운 일을 해 보고 싶었다. 여기에 필요한 내 적정 급여 수준은 세후 180만 원. 마이너스 70만 원에서 시작하는 인생이기에 기본적인 생활비와 스트레스를 달래 줄 술값, 예기치 못한 지출에 대비하기 위한 비자금을 고려해서 나온 현실적인 수치였다. 주 6일인지 5일인지는 중요치 않았다. 딱히 취미도 없었고 그 정도의 소득 수준이라면 노동이 주는 즐거움을 먼저 맛보고 싶었다. 그래서 근로계약서의 잉크가 채 마르기도 전에 퇴사를 하고는 곧바로 일자리 문부터 두들겼다. 알바 사이트와의 며칠간의 탐색전 끝에 '옷 판매'라는 단어가 눈에 들어왔다.

월 200, 인센티브 있음, 초보 지원 가능(경력 선호).
주 6일(11시~21시), 옷 판매.

처음 그 게시글을 봤을 때 나는 그 글이 매장에서 고객에게 어울리는 옷을 추천해 주는 일인 줄 알았다.

'그래도 옷 가게 치곤 급여가 제법 쎄네.'

과거에 보험 회사에서 잠깐 일한 경험도 있었던지라 사람을 상대하는 직업에 큰 어려움은 없었다. 평소에도 '패션거지'라는 이상한(?) 소리를 많이 들어서 그런지 이런 일을 하면 나에게도 뭔가 능력치가 탑재되지 않을까 하는 기대감이 들었다. 올라가는 입꼬리에 맞춰 조심스럽게 전화를 걸었다.

"아니, 대학교도 나왔는데 왜 이런 일을 하려고 하는 거예요? 일이 힘들 텐데 괜찮으시겠어요?"

"에이 무슨 그런 말씀을…. 전공이 무역학과라 사람 상대하는 일에 도가 텄거든요! 그리고 원래 판매·영업 쪽에 관심이 있어서요. 판매란 직업이 흥미만 느끼면 재미있게 할 수 있잖아요."

"마인드가 좋네요. 우선 일주일만 잘 버텨 보세요. 조금만 발붙이면 재미있게 하실 수 있을 거예요. 여기 사장님한테 노하우도 전수받아 가게 차리는 것을 목표로 삼는 또래 직원들도 있거든요."

"네, 알겠습니다. 열심히 해 보겠습니다."

그 일은 바로 '깔세 장사'였다. 먼저 '깔세'란 임대 기간(몇 주~몇 달)만큼의 월세(셋돈)를 한꺼번에 주고 공격적으로 영업을 하는 건데 우리가 주변에서 흔히 접하는 '폐업 정리'세일이 이 업종의 대표 주자라고 보면 된다. 그곳에서 나는 양말, 내복, 남녀 속옷, 각종 스타킹 등 다양한 속옷을 판매해야 했다.

면접에서 가장 당황스러웠던 부분은 주 고객층이 여성이라는 점과, 내가 판매할 의류의 7할이 여자 속옷이라는 것이었다. 그곳은 남자는 남자 것만 팔고 여자는 여자 것만 파는 그런 시스템이 아니었다. 남자인 나도 여성 손님이 오면 여성 속옷을 권해야 했고 또 팔아야 하는 업종이었다.

'내 팬티 사이즈도 정확히 모르는데 여자의 속옷 사이즈를 보면서 추천을 해 준다고?'

과연 내가 할 수 있을까 하는 의구심이 들었다. 다행인 건, 내 첫 임무는 판매가 아닌 '다다'라고 불리는—마이크에다 대고 말하는 소리가 마치 '다다다다'처럼 들리기 때문에 그렇게 불린다—호객 행위였다는 점이다.

"우선은 판매를 모르시니까, '다다'라고 손님을 불러 모으는 멘트가 있어요. 이걸 하시면서 조금씩 가격도 알아 가고 판매도 해 보면 재미를 느낄 거예요. 다음 주 월요일에 ○○으로 ××시까지 가 주시면 되세요."

"…네."

당황한 기색이 얼굴에 드러났지만 웃으면서 해맑게 설명해 주신 30

대 초반의 여사장님의 포스에 나도 모르게 동의를 해 버렸다. 그렇게 월 급여(세후) 180만 원 알바는 시작되었고, 나는 처음 해 보는 경험에 진한 여운을 남길 짜릿함을 맛볼 수 있게 되었다.

"자, 고객 여러분! 여기 아주 따뜻—따뜻한 기모 내복이 있습니다. 현재 단돈 5,000원! 전국에서 가장 저렴하면서 남녀 누구나 입을 수 있는 내복이 우리 돈! 단 5,000원! 자, 마지막입니다, 마지막이고요— 여기 새하얀 런닝구도 다섯 장에 만 원에 드리는 특별 할인도 진행하고 있습니다! 빨리빨리 오세요!"

과거 고등학생 때 '미스터 코리아'라고 해서 팬티만 걸치고 무대에 서서 근육 자랑을 했던 적이 있다. 몸매에 당당한 친구들은 열심히 포즈를 취했지만 얼떨결에 끌려 나갔던 나는 지금까지도 그 순간의 견디기 힘들었던 시선들과 쪽팔림을 잊지 못하고 있다.

'다다' 첫날에는 타오르는 후끈거림과 차오르는 민망함이 강렬하게 다가왔다. 그냥 말하면 소리가 작기 때문에 마이크를 차고 해야 했고 지나가던 아줌마, 아저씨의 고개를 돌리기 위해선 다다에도 리듬감이 있어야 했다. 그날, 마치 당연한 듯이 내 목은 완전히 쉬어 버렸다. 그러나 하루 이틀, 일주일이 지나면서 다다에도 어느덧 스토리가 붙고 다양한 버전이 추가되면서 나에게도 조금씩 판매 기회가 생기기 시작했다. 기존 직원이 나를 불러 손님에게 판매를 권했던 것이다. 물론 처음에는 눈에 보이는 5,000원짜리 내복, 1만 원에 다섯 장을 주는 런닝만 팔았다. 하지만 세일즈의 짜릿함을 맛보기에는 충분한 경험이었다. 그들이 내 말을 듣고는 물건을 고르고 흥정을 통해 구입하는 과정이 재미있게 다가왔다. 직원이 직접 정산을 하는 시스템이었기에 수시로 현금을 만질 수 있었고, 나는 마치 내 가게라도 되는 것처럼 보람을 느꼈다.

"엄마. 음— 엄마는 그냥 딱 보기에 투엑스라지야. 이거 어때? 원래는 이 가격이었는데, 보이지? 여기서 더 내렸어요! 이거 두 개 구입하면 내가 저 누나 몰래 양말을 서비스로 줄게. (작은 목소리로)대신 꼭 현금이어야 돼!"

"아이고! 젊은 총각이 어떻게 그렇게 잘 알고 있대? 한번 믿어 봐야 쓰겄네!"

판매의 묘미는 신나게 떠들고 설득해서 손님이 넘어올 때 느끼는 쾌감이다. 열정을 갖고 매출이 잘 나오면 그땐 사장이고 직원이고 서로가 기분 좋은 날이었다.

"대익 씨 다다 실력이 많이 늘었어요! 아줌마들은 그냥 덩치 좀 있게 생기면 투엑스라지고 작으면 엑스라지니까 대충 감으로 이야기하면 얼추 맞아요!"

남자 직원이 여자 손님에게 속옷을 권한다는 건 음… 사실 기대했던 만큼 대단한 스릴이 있는 일은 아니었던 것 같다. 첫 경험을 제외하고는 단지 그들과 나 사이에 옷을 사고 판다는 느낌이 전부였다. 판매를 통해 손님을 낚는 건 묘한 쾌감을 던져 주었고 브라와 팬티를 추천하는 데 민망함을 느끼는 건 프로다운 행동이 아니었다. 편견이 사라지니 민망함과 부끄러움을 내려놓을 수 있었다. 가끔은 지나가는 손님의 눈을 똑바로 보면서 다다를 치기도 했다.

판매를 할 때는 보통 숙련자와 같이 붙여 주곤 한다. 여성 경력자로부터는 실질적인 팁과 노하우를 많이 듣지만, 남자 직원으로부터는 MSG를 잔뜩 첨가한 과장된 어법을 배운다. 판매직이다 보니 다들 언변이 좋아 심심함을 느낄 틈이 없었다. 한번은 모처럼 말발이 좋은 형님과 같이 일한 날이었다.

"아이고 엄마! 이거 완전 우리 가게에서 명품으로 통하는 빤쓰야. 아들내미한테 사다 주면 완전 기절할걸! 여기서 제일 잘나가. 가격이 좀 쎄긴 한데, 색깔 봐, 얼마나 세련돼! 보풀도 하나도 안 일어나고 나도 입고 있어. 어떻게 한번 보여 줄까? 나도 이거 좋아서 몇 개씩 샀어. 정말 좋아. 하나 사 봐!"

그렇게 손님은 형님의 화려한 말발에 맥없이 무너져 무려 4만 원어치를 구입하고는 기분 좋게 가게를 나갔다.

"형님! 근데 이거 진짜 괜찮아요? 저도 팬티나 몇 장 사려고요."

"말도 마. 나도 테스트 좀 해 보려고 몇 개 사 봤는데 세탁기에 넣자마자 바로 보풀 일어났어. 도대체 사장은 이런 옷을 어디서 떼어 오나 몰라! 무슨 정가에 한 10퍼센트만 받는개벼. 그리고 너무 껴. 너무 껴서 손님한테 말할 뻔했다니까!"

나는 그 이야기를 듣고는 완전히 자지러져 한동안 정신을 못 차렸다. 형님의 입담과 표정에서 뿜어져 나오는 내공은 당장 배우를 해도 될 정도의 명품 연기였다. 이런 적도 있었다. 손님에게 팬티스타킹을 펼쳐 보이며 설명하는데 그만 양쪽 기장이 서로 다른 상황이 발생했다. 형님은 당황했던지 잠시 말을 멈췄지만 이내 평정심을 찾고는 원래 이런 옷이라며 능숙하게 상황을 모면했다. 형님의 리얼리즘 연기에 압도당한 나는 정말 순수한 호기심에 그런 옷이 있는지 물어봤다. 그러자 답변은 가관이었다.

"(어이가 없다는 듯 한숨을 내쉬며)어휴! 내가 진짜 살면서 이딴 걸 손님에게 설명할 줄이야. 정말 무슨 그지 같은 옷을 갖고 와 가지곤 팔라는 게 참…. 저—기 어디 헌 옷 수거함 같은 곳에서 집어다 파는 걸 거야. 그렇지 않고선 옷이 이렇게 나올 수가 없지."

나는 그때 또 한 번 배꼽 잡고 웃었다. 그런 옷을 설명할 때마다 나오는 기발한 언변에 감탄했고 나에게 속내를 알려 주는 표정도 압권이었다.

직장·직업을 고르는 기준, 인간관계

속옷 가게에서 내 알바의 유통기한은 고작 3개월이었다. 물론 한창 재미를 붙였을 때는 2주 연속 하루도 쉬지 않고 일한 적도 있었다. 단지 판매가 잘된다는 이유만으로 노원구에서 화성, 수원, 인천 등의 근무지에 자진해 가서 일한 적도 부지기수였다. 점심을 챙겨 주지 않는 사장님의 투철한 절약 정신 덕에 식사는 직접 도시락을 통해 해결했으며, 매출이 잘 나올 때는 퇴근이 늦더라도 보람으로 얻는 소득을 더 크게 생각했다.

알바를 그만두게 된 데는, 다름 아닌 판매를 호령하던 사장님의 세치 혀가 문제였다. 처음에는 한때 서울·경기도에만 30개의 '깔세'를 운영했다던 전설 같은 이야기에 혹했었다. '여기가 바로 내가 있을 곳이구나!' 하고 허황된 비전에 갇혀 장밋빛 전망을 꿈꾼 적도 있었다. 그러나 과거 한 직원이 사장님의 부당한 대우에 소송을 걸었다는 소문을 듣게 되고, 그 소문의 실체를 알게 되자 점점 판매에 대한 관심이 사그라지기 시작했다. 하루 350만 원의 판매액을 동료와 같이 달성해 보기도 했고 혼자서도 거뜬히 100만 원의 매상을 기록해 볼 만큼 잘될 때는 의욕이 넘쳤다. 반면에 열 시간 동안의 매출이 10만 원이 채 되지 않는 경우도 많았기에 부진했을 때의 텐션을 유지하는 것이 결코 쉽지만은 않았다. 이런 와중에 여기에 재를 뿌린 사건이 있었는데, 가게에서 인정받던 동료가 사장님으로부터 철저하게 내쳐지는 모습을 보게 된 때였다. 이후 나는 그나마 남아 있던 정마저 떨어지고 떠나야겠다고 결심했다.

사람은 참 간사한 것 같다. 흥미를 잃게 되니까 당시 내가 받고 있던 모든 대우가 부당하다고 느껴졌다. 개고생을 해 가면서 경찰과도 싸우며 가게의 매출을 걱정하던 나였다. 그러나 퇴근을 보고하는 나에게 사장님의 대답은 고맙다는 말 대신 "지켜보고 있어. 놀지 말고 열심히 해." 같은 갑질 멘트를 시전해 주셨다. 두 시간마다 전달하는 매출 보고 시간에는 격려가 아닌 '매출이 부진한 이유'를 캐묻고, 그만둘 때는 마이크를 고장 냈다며 비용을 청구하는 모습에서 나는 인생 경험을 했다. 그럴 줄 알았으면 나도 핑계 대지 말고 당당하게 다음 날부터 안 나오겠다고 할 걸 그랬다.

"사장님의 역겨운 모습에 질려서 일을 그만하고 싶은데요?"

그만두기로 마음먹어 가던 어느 날 아침, 일본의 유명 광고 회사 직원의 자살과 서울 평검사 자살 사건 내용을 우연히 기사로 접했다. 출근하기에는 조금 이른 시각, 나는 서둘러 블로그에 그와 관련된 내 생각을 글로 정리했다.

「직장·직업을 고르는 기준, 인간관계」란 제목의 글이었는데 '나를 존중해 주지 않는 곳에서는 더 이상 일할 필요가 없다'는 게 주된 내용이었다.

겨우 3개월 해 본 알바 주제에 겁도 없이 한 주장일 수 있다. 아직 내 경험을 온전히 녹이기에는 충분치 않았던 주제라는 것도 인정한다. 그러나 기사를 보는 내 머릿속에서는 '남들이 무조건 버티라고만 이야기하는데, 적어도 우리는 여기(일터)에서 서로가 각자 받아들일 만한 수준의 기준점은 갖고 버텨야 하는 것이 맞지 않나?'라는 생각이 오버랩되었다. 무작정 버틴다고 나아지는 것이 아니라 각자가 최대치로 견뎌 낼 수 있어야 하는 마음가짐 또는 그러한 상태를 만들어야지만 버틸 수 있다는 것이다. 그리고 나는 그것이 대기업이 됐든 중소기업이 됐든, 하물며 알바가 됐든 간에 공통적으로 적용될 수 있는 것이라고 생각했다. 그때 내 기준점은 '존중'이었고 적극적으로 항변하며 개선시키지 못하는 성격 탓에 미련 없이 관둬 버렸다.

많은 사람들이 각자 사회생활을 하며 이런 저런 이유로 스트레스를 받고 있을 것이다. 그러나 혹시 그것이 극심한 고통으로까지 이어진다면 이번에는 내가 지금 버티고 있는 이유와 그럼에도 지키고 싶어 하는 가치관이 무엇인지 등은 한번 생각하는 시간을 가져 봤으면 좋겠다. 무작정 버틸 게 아니라 스스로에게도 버틸 이유를 납득시켜 줘야 하지 않을까? 나는 그때 확립한 기준을 아직까지도 유용하게 사용하고 있다.

노답 인생에서 발악하는 방법

학창 시절, 누구나 찬란한 20~30대를 꿈꾸었던 때가 있을 것이다. 뭔가 재미있는 사건이 많이 일어날 것 같고, 대기업 직장에, 어딜 가도 자랑할 법한 사랑하는 사람의 응원을 받으면서, 뭔가 그동안의 고생을 보상받을 것만 같은 그 시점. 그렇다. 나 역시도 꿈 많던 그 시절, 수많은 자기 계발 도서를 통해 미래의 나와 끊임없이 대화를 했다. 그때 미래의 자아님은 나에게 알려 주시길, 분명 20대 후반에는 아무리 망가져도 (그럴싸한)직장이 있을 것이고 회사에서의 업무성과를 인정받아 안정적인 급여와 그에 맞는 적절한 직급은 어렵지 않을 거라고 일러 주었다. 심지어 이러한 꿈은 점점 더 구체화돼 20대 초반의 내가 상상했던 5년 뒤 모습은 꽤 알아주는(중요하다!) 금융자격증을 장착하고 최상위권의 어학 성적으로 증권사 애널리스트라는 직업을 가진, 영화에 나올 법한 매력적인 인물과 맞닿았다. 장인이 도자기를 정성스럽게 구워 내듯, 나는 내 인생에 모난 곳은 없는지 착실히 굽이굽이 살펴 가며 신중을 더해 빚어 나갔다. 그 결과 만들어진 스물여덟 살, 내 인생은 '백수'였다.

스물여덟 살은 나에게 많은 고민거리를 안겨 준 나이다. 사무직 일자리에서 내가 할 수 있는 역할이 없을 것 같다고 여겨 선택한 모험이 판매직 알바였다. 그러나 그마저도 하필이면 여자 속옷을 추천하는 바람에 다시 무엇을 해 봐야 할지, 좀 더 나아가 도대체 어떻게 살아야 하는지에 대해서 인생의 근본적인 질문을 하지 않을 수 없는 단계까지 와 버렸다. 예쁜 청자를 향해 나아간 내 정성스런 노력은 잠깐 한눈판 사이에 여기저기 조각나고 있었다.

처음으로 인생을 그냥 산다는 게 쉽지 않은 선택의 연속이라는 것을 느꼈다. 아니 정확히 말하면 '되고 싶다'에서 되고 싶은 인생이 쉽지 않다는 것을 경험으로 얻어맞아, 되고 싶은 것들이 그냥 다 사라져 버렸다. 꿈만 꾸면 죄다 실패하니 사는 게 재미도 없고 그렇다고 하고 싶은 것들도 없었다. 목적이 없으니 그 일을 왜 해야 하는지도 모르겠고 그 일을 통해 되고 싶은 것도 없으니 모든 일에 영 구미가 당기지 않았다.

그러던 중, 얼마 전 읽었던 책 한 권이 떠올랐다. 한때 우리나라에서 선망의 대상이었던 '픽업 아티스트(연애 전문 컨설턴트)'라는 직업을 가진 저자의 이야기였는데, 호주 워킹 홀리데이를 통해 1억을 벌었다는 내용의 자기 계발서였다. 다소 평범해 보일 수도 있는 이야기에서 내가 의문을 느낀 지점은 호주 가서 성공한 교훈보다도, 그가 호주에 간 배경이 영 탐탁지 않다는 것이었다. 나와는 전혀 다른 삶을 살아왔던 그가 그런 환상적인 직업을 뿌리쳐 가면서까지 호주에 간 이유에 대한 의문이 해소되지 않은 것이다. 이미 경제적으로 성공을 했음에도 불구하고 모든 걸 버리고 다시 호주로 가서 뭔가를 증명한다? 호주 가기 전에 필리핀에 가서 스파르타식으로 영어를 습득하고 현지에서는 피를 토해 가며—실제로 스피킹 연습을 하다 피를 토했다 한다—영어를 마스터했다? 도대체 호주가 어떤 매력을 주었기에 저자는 여기에 목숨을 걸었을까?

그런 물음에서 시작한 인생 고민이 내 삶을 '무언가가 되고 싶다'가 아닌 '무언가를 해 보고 싶다'는 방향으로 살아 보고 싶은 계기를 마련해 주었다. 뭔가가 되고 싶어 호주에 가는 것이 아니라, 그냥 일단 나도 모르게 호주라는 곳에 가 봐야겠다는 생각이 든 것이다. 처음부터 거창한 목표를 달성하기 위한 것이 아니었다. 어차피 어딘가에 소속되지 않을 것 같은데 도전으로 삼을 만한 것들을 찾던 중 호주 워킹 홀리데이가 우연히 내 시선을 사로잡아 버렸다.

"Challenge makes reason."

도전이 이유를 만든다. 이번 도전에는 기존과는 달리 처음부터 '그래야만 하는 이유'가 없었다. 그냥 해 보고 싶었고 이유는 나중에 붙이기로 했다. '도망치기 위한 수단', 그건 당시의 내가 택한 현실적인 이유였다.

2
내가 '영포자'가 된 이유

이 구역의 선도자는 나야!

　때는 바야흐로 중학교 시절로 거슬러 올라간다. 전교생이 100명이 채 되지 않는 시골 변두리 학교에서 내가 본격 '해외 문화 덕질'을 시작한 시점은 중학교 2학년 때부터였다. H.O.T. vs 젝스키스, 핑클 vs S.E.S.로 대변되던 시대는 어느덧 갓(지오디god) 형님들이 천하 통일을 달성하면서 마무리되었으며, 그 뒤는 비 형님이 태양을 피하는 노하우를 배워 와 국내에 널리 알린 시점이었다. 덕분에 당시 전국의 '중2병'에 걸린 남자들—난 그때 중 1이었다—은 태양만 떴다 하면 그렇게 가슴을 열어젖혀 "스읍— 하—"하는 주문을 외쳐 댔다. 그러나 주문과는 달리 우리들은 태양을 피하지 못했고 하필 직사광선이 내리쬐는 무더위에만 외쳐 대는 바람에 얼굴은 검게 타올라 버렸다. 그런 피해 사례를 통해 중 2 때부터 내 덕질에 대한 관심은 국내가 아닌 해외로 눈을 돌리기 시작했다.

내가 처음으로 외국 팝에 빠지는 계기가 된 노래는 웨스트라이프 Westlife—나는 그들을 '웨라'라고 불렀다—의 「My love」였다. 지금은 기억나지 않는 어느 한 광고 영상에서 웨라의 「My love」가 흘러나왔고, 엄청난 멜로디라는 것을 직감한 나는 이후부터 그들이 발표한 모든 노래를 전곡 플레이하는 지경까지 이르렀다. 특히 「Mandy」, 「If I let you go」, 「Flying without wings」 같은 노래들의 경우 가사를 외우기 위해 안간힘을 썼으며, 노트에 받아 적고 밖에 나가 연습하는 과정 등을 통해 팝의 세계를 알아 가고 있었다.

중 3이 되면서부터는 나만 알고 있는 가수들이 늘어나면서 점차 같은 취미를 공유하는 친구들과 어울렸다. 당시 우리 4인방은 '공동학습실'이라는 큰 강당을 거의 사유화했는데, 이른 아침 학교에 오거나 점심을 일찍 먹으면 그곳에 가서 노래를 들으며 서로가 알고 있는 팝 가수를 공유했다. 그때 나는 친구들에게 가레스 게이츠Gareth Gates, 블루 Blue 등의 가수를 소개하며 에미넴Eminem의 「Stan」 뮤직비디오가 우리들에게 시사하는 바가 무엇인지, 퀸Queen의 「Bohemian rhapsody」가 얼마나 함축적 의미를 가지는지에 관한 심도 있는(?) 이야기를 나눴다. 그러는 와중에 흥미로운 영어 단어도 제법 접할 수 있었는데 기억에 남는 것 중에선 'love at first sight'라는 표현이 있다. 우리말로 '첫눈에 반하다'라는 뜻인데 나에게는 블루의 노래 제목 중 하나로 남아 있다. 특히 가사의 일부 중에 "Do you believe in love at first sight?"라는 부분이 있는데 이 노래의 후렴구이자 베스트 멜로디다. 당시 나는 그 노래가 정말 미친 듯이 좋아 쉬는 시간 내내 그 노래만 쉴 새 없이 흥얼거렸다. 이때 팝송의 가사를 암기하는 것은 내 취미의 일부였으며 블루의 「Gift」, 「Best in me」, 「If you come back」 등 지금 들으면 손발이 오그라들 정도의 노래를 매번 외워 불렀다. 이 과정은 나아가 랩 암기라는 도전으로 이어졌다. 에미넴의 「Lose yourself」, 「When I'm gone」 등의 노래가 좋아 암기하고 싶은 충동까지 느껴 버린 것이다. 그의 억양을 발톱만큼도 따라갈 수 없음에도 그 시절 나는 단지 영어로 뭔가를 외워 부른 것에 행복해했다. 더군다나 그게 랩이라니…! 처음으로 녹음기까지 틀어 놓고 내 목소리와 조우도 해 보고 마침내 얼추 흥얼거리게 됐을 때의 쾌감…. 경험은 없지만, 영어 시험 100점의 기쁨도 아마 그것보다는 크지 않을 듯싶었다.

아무튼 나에게도 그랬던 시절이 있었다. 영어에 꽤 괜찮은 추억을 가지고 있었지만 소시민의 인생은 늘 그렇듯 더 이상의 진전은 없었다. 팝이 좋았을 뿐이지 그 가사가 한국어로 어떻게 해석되는지 따위는 일절 관심을 가지지 않았다. 랩을 외우면서도 내가 뭘 외우는지도 몰랐고, 가레스 게이츠의 「Listen to my heart」를 불러도 그 가사의 참뜻은 내가 알 바 아니었다.

'다음 중 이 노래의 가사를 보고 주인공이 느끼는 심정을 고르시오.'

'다음의 가사 중 gift가 해당하는 의미가 보기와 다른 것은?'

하… 이딴 걸 공부했으면 좀 나았으려나?

토익, 너를 저주하마

　외국 문화에 관심이 많은 것과는 상관없이 나는 영어를 생각보다 정말 못했다. 굳이 변명을 하자면 문제 푸는 능력이 아주 약했다고나 할까? 정답을 맞히는 스킬들이 나에게는 참 부족했다. 고등학생 때는 모의고사에서 한 번도 3등급 이내를 받아 본 적이 없었고, 단어를 많이 외웠지만 해석이 늘 매끄럽지 않았다. 하도 답답해 해설집을 보고 '아니 이렇게 쉬운 해석이 왜 바로 떠오르지 않았지?' 하면서 자책한 적도 많았다. 왜, 다들 그런 경험 있었을 것이다. 차라리 씹어 먹어 소화하면 마음이라도 편할 것 같다는 생각.

　잠깐 다른 얘기를 하자면 나는 20대 초반에 경제에도 관심이 많아 회계, 경제, 금융, 경영 등 분야의 다양한 기본 교양서들에 마구 탐닉하던 시기가 있었다. 매일 신문도 꼬박꼬박 챙겨 보고 아침마다 진행하는 경제 라디오도 들어 가면서 미래에 부자가 될 준비를 착실히 수행해 나가고 있었다. 그러던 어느 날 『한국경제』에서 테샛TESAT**이라는 시험이 있다는 것을 알았다. 지금까지 배웠던 것을 한번 테스트해 볼 수 있는 좋은 기회라고 생각해 한두 달 정도 공부하고 시험을 보았다. 결과는 4급. 세상 참 민망해지는 순간이었다.

　'아니, 나름 잘 안다고 생각했었는데 어떻게 점수가 이거 밖에 안 나오지?'

** 한국경제에서 주관하는 국가 공인 경제 이해력 검증 시험, 5급부터 시작해 최고 S급까지 있다.

그 주에 열리는 금융통화위원회에서 기준금리가 인상될지 동결될지를 나름 분석할 정도로 열정이 가득했지만, 성적표에는 이렇게 적혀 있었다.

"귀하는 주위의 도움을 받아 일반적인 경제 정보를 이해할 수 있으며 이를 근거로 주어진 경제 상황에서 상사의 지도 감독 아래 간단한 의사 결정을 내릴 수 있습니다."

대학교 때는 전국의 모든 수험생이 준비한다던 '파랑이(RC), 빨강이(LC), 노랑이(단어장)'를 들고 본격 토익 시장에 발을 담갔다. 취업 시장에서 요구하는 점수는 대략 750~850점 사이였고 나는 그냥 내 위치를 한번 점검해 본다는 생각으로 바로 응시했다. 그랬더니 결과는 420점이었던가? 아무튼 400점대를 맞고 한 번 더 나를 구렁텅이로 몰아갔다. 멘탈은 나갔지만 '처음'이라는 핑계와 '이제부터'라는 다짐을 갖고 본격적으로 공부를 시작했다. 그러나 몇 달을 공부해도 이상하게 내 점수는 700점을 넘기지 못했다. 토익이 추구하는 특유의 빠름에 도저히 내가 속도를 맞추지 못했던 것이다. 사회에서만 '빨리빨리'를 요구하는 게 아니라 영어 시험에서도 '빨리빨리'를 요구한다. 문법은 20초 만에 풀어야 하고, 다섯 개로 구성된 지문은 5분을 넘기지 말아야 하는 것 등 지켜야 하는 것들이 너무 많다. 뭐 하나 진득하게 고민할 시간을 안 준다. 툭하면 보기와 일치하지 않는 것을 골라야 하는 문제들을 내 주변서 정작 일치하지 않는 것이 무엇일까 고민을 해 볼 시간은 차단한다. 뭐 이래 놓고 우리나라 사람들은 창의성이 부족하다고? 에라 이— 바랄 걸 바라라.

어려서부터 효율적으로 자라오지 못했던 나는 결국 토익을 시작으로 영어를 미워하기 시작했다. 해도 해도 점수는 늘지 않았고 명색이 무역학과인데 영어 점수가 바닥이니 취업 시장에서는 늘 약점으로 작용했다. 매일 이메일, 편지, 레스토랑 홍보 글을 해석하고 재미도, 의미도 없는 듣기 평가의 내용문을 듣고 있자니 자연스레 집중력이 저하됐다. 그렇게 점점 영어는 나에게 부담으로 느껴졌다.

영어에 정말 학을 뗀 사건은 CFA 시험을 준비할 때였다. 여전히 엉망인 토익 점수에도 불구하고 나는 그래도 공부를 했다는 사실에 자위해 가며 묵묵히 커리어 계획을 실천해 갔다. 그러나 거기서마저 미끄러졌고, 그때의 실패는 내 꿈과 희망을 완전히 앗아가 버리는 결과를 초래— 이 내용은 책 후반부에 한 번 더 언급되니 이쯤에서 정리하겠다—했다.

토익과 CFA의 공통점은, 한때 좋아했고 재미있다고 생각했던 영어가 나에게 트라우마로 다가오게끔 만들었다는 점이다. 자존감은 바닥을 향했고 이는 내가 영어를 배워야 할 이유마저 사라지게 만들었다. 미드를 보면서 어떻게든 영어 공부를 이어 나가려 했던 모든 과정들에 신물이 났다. 이딴 거 해 봤자 내 영어 실력이 향상될 리가 없다고 믿었다. 바닥을 전전하는 멘탈을 억지로 부여잡으며 앞으로 검색을 할 때는 항상 네이버만 쓰기로 마음먹었다.

3
타인의 시선

호주에 간다는 애가 투잡을 한다고?

　지나친 욕심으로 그만 가랑이가 찢어질 뻔했다. 얼떨결에 호주에 가기로 마음먹고 구체적인 계획을 세워 보니 생각보다 꽤 큰 돈이 필요했던 것이다. 모아야 할 돈과 나갈 돈을 비교해 보니 매달 벌어야 할 금액이 200만 원 + a였다.

　'가만있어 보자. 이걸 무슨 수로 마련하지?'

　적은 나이는 아니었기에 호주의 정착 비용은 여유 있게 설정하고 싶었다. 200만 원 + a의 급여는 각종 접수비와 비행기 티켓값을 고려, 600만 원 이상의 목표 자금과 매달 70만 원씩 지불해야 하는 형편을 고려해서 나온 결과였다. 몇 번의 클릭질로 알바 사이트의 동향을 살핀 내 얼굴엔 그림자가 드리워져 있었다. 이런 젠장할…. 투잡을 고려하지 않을 수 없었다.

　아무리 생각해도 한 가지 일만으로는 답이 나오지 않았다. 어설픈

돈으로 꼬깃꼬깃 사는 삶보단, 잠을 못 자더라도 원할 때 술 한잔은 기울일 수 있는 삶을 살고 싶었다. 나는 하는 수 없이 투잡으로 방향을 선회하며 월급 루팡이라도 가질 기회를 호시탐탐 노리기로 했다. 괜찮은 조건의 일자리를 연일 스크롤 한 끝에 한 야간 알바가 눈에 들어왔다.

볼링장 관리(이태원)

주 5일(밤 11시~익일 9시)

200만 원(세전)

나는 누가 볼링을 11시 넘어서 치겠냐는 생각을 가지고 지원을 했다. 면접에서는 볼링에 대한 무지함을 보완해 줄 다양한 경험을 어필해 가며 합격 통보를 이끌어 냈다. 출근 날이 되고 나는 홀가분한 마음으로 꿀을 빨 상상을 하며 볼링장에 도착했다. 그러나 세상은 역시 호락호락하지 않았다. 하필이면 내가 고른 볼링장이 이태원에서 가장 유명한 곳이었고, 대기 손님으로 미어터지는 상황이 연출되고 있었다. 볼링장 안에는 각종 오락 기기와 당구대, 간이 매점이 있었고 우리는 그 모든 것들을 서비스해 나가야 했다. 동시에 손님의 점수판을 초기화하고 고장이 나면 재각 달려가 이름도 모르는 기계들을 만지작거려야 하는 것도 추가되었다.

'아, 망했다. 이거 개빡세네.'

처음에는 정말 멘탈이 너덜너덜해졌다. 뭐가 뭔지도 잘 모르겠고 빨리 투잡을 해야 한다는 생각에 초조함만 가득했다. 사장님께 털리고 사모님에게 욕 먹으면서 속으로는 수십 번 잠수를 탔다. 사장님은 내 능력을 의심스러워했는지 아니면 안쓰러웠던 건지 황금 요일인 금요일과 토요일을 쉬는 날로 지정해 주셨다. 지옥 같은 일주일을 겪고 정신이 돌아오기 시작했다. 다행히 몇 번 손님이 없는 시간대를 겪고 직원들과도 친분이 쌓이자 점차 안정을 찾을 수 있었다.

이후에 구한 파트타임 일자리는 오전 10시부터 3시까지 일하는 식당의 홀 서빙이었다. 처음에는 부담스러운 시간대이기에 외면하려고 했다. 그러나 동선을 짜다 보니 생각보다 선택지가 많지 않다는 것을 알게 되었다. 한참을 고민하며 망설인 끝에 독이 든 사과를 깨물어 보기로 결심했다. 월 70만 원이 주는 달콤함에 내 영혼을 판 것이다. 그렇게 나는 주 5일 255만 원이라는, 인생에서 정말 '주—옥 같은' 시간을 보내게 되었다.

	시간	요일	쉬는 날
볼링장	23:00 ~ 09:00	일~목	금 15:00부터
식당	10:00 ~ 15:00	월~금	월 23:00까지

일요일 밤 11시부터 출근해 겹치는 목요일까지는 초인적인 체력이 요구되었다. 출퇴근 시간까지 감안하면 실제 자는 시간은 겨우 서너 시간일 정도로, 무리하게 당긴 내 근로 시간은 길어도 너무 길었다. 식당

도 하필이면 업무 밀집 지역에 위치한 곳이어서 11시부터 1시까지는 눈코 뜰 새 없이 바빴다. 돈이 주는 달콤함? 뻥 안 치고 하나도 기쁘지 않았다. 돈 쓸 시간도 없다는 게 무슨 의미인지 그때 제대로 경험했다.

투잡 하는 기간 동안 핫식스와 커피는 내 물약이었다. 다행히 이 시기에 블로그에 쓴 글이 있는데, 당시의 내 심정을 잘 대변해 주는 글인 것 같아 공유해 본다.

며칠 전 야간 알바에 가기 위해 자전거로 출근 중이었다. 잠도 깰 겸 찬 바람을 맞아 가면서 연신 페달을 밟고 있었는데 갑자기 뭔지 모를 것이 울컥했다. 불행한 건, 그게 기분 좋은 울컥이 아니라 애써 참고 긍정해 보려고 지었던 울컥이었다. 내 자신에게만큼은 솔직하고 진실해 보이고 싶었는데···. 나는 내 스스로를 속이기 위해 어쩌면 애써 연기하고 있었는지도 모르겠다.

요즘 어반자카파의 「소원」에 푹 빠져 있다. 이 노랜 드라마 〈도깨비〉의 OST이기도 하지만 정작 나는 노래에만 빠진 채 드라마는 보지 않았다. 마치 나를 대변해 주는 것 같은 가사와 절절히 흘러나오는 멜로디, 이 노래가 드라마에서 어떻게 표현되었을지는 모르겠다. 그러나 나에게만큼은 당시의 지친 심정을 잘 보듬어 주었다. 나는 노래를 들으며 내가 느낀 감정을 글로 옮겼다.

야간 알바가 끝났다. 이어 오전 10시부터 3시까지 이어지는 투잡까지 하고 집에 오면 또 밤에 일한다는 느낌 때문에 집에 오는 길이 썩 달갑지 않다. 고작해야 네 시간 남짓한 수면 시간. 지친 하루를 마치고 겨우 집에 돌아왔는데 아무도 날 반겨 주는 사람이 없었다. 나는 휴식을 취할 틈도 없이 자야 했다.

투잡을 하는 일이 사실 육체적으로 굉장히 힘든 노동을 요구했던 건 아니다. 다만 밀려드는 졸음과의 싸움이 대단한데 이를 위해 매일 핫식스와 커피를 달고 산다. 심지어는 눈을 뜨고 있는데도 마약이라도 한 것마냥 잠깐씩 꿈을 꾼 적도 있다. 그럴 때면 이렇게까지 하는 게 과연 맞나 싶은 생각이 들었다. 내가 선택했고, 내가 원했던 행동이었지만 사실 굉장히 두렵고, 여전히 옳은 결정인지는 모르겠다.

하루 이틀 나이 먹고 주변 친구들은 하나둘씩 결혼하고 취업하면서 자기 자리를 찾아 가는 반면에, 여전히 나는 방황의 늪 한가운데에 서 있다. 겉으로는 자존감 높은 척, 다 계획이 있다는 식으로 에둘러 표현한다. 그러나 한편으론 막연한 하늘, 허황된 이상만 꿈꾸면서 지내는 것은 아닐까 하는 속마음도 간직한다. 난 그렇게 대단한 사람이 아닐 텐데, 나도 분명 평범할 것 같은데…. 뭐 하나 계획대로 잘 흘러가지도 않고 그럼에도 보이지 않는 것과 씨름을 하는 나란 놈은…. 어쩌면 나 혼자서는 많은 고민을 하고 있지만 옆에서 보기엔 그냥 아무 생각 없는 사람처럼 비칠지도 모르겠다.

이제 겨우 투잡 한 지 며칠 되지도 않았는데, 너무 힘들고 지쳐서 내 결정 자체에 대한 신뢰까지 의심하는 나란 인간도 참 한심하다. 애초에 이렇게 하면 안 되는 거였나? 내가 너무 무리한 건가? 내색하진 않았지만 사실은 도망가고 싶다는 생각도 꽤 자주 들었다. 특히 쉬는 날 집에서 술 한잔하면 이런 생각들이 스멀스멀 피어오른다. 비교하는 삶, 자리를 잡아 가는 주변 친구들, 나는 아직도 정처 없는 알바 인생이라니….

괜히 서울까지 올라가서 고생을 사서 하냐는 친구의 말에 발끈해 보지만 속으로는 후회가 되기도 한다고 말하고 싶었다. 대전에서 학교 취업 소개받아 일을 한다면(제안도 왔다) 최소한 이따위 알바는 하지 않았을 텐데 하는 생각이. 현실을 직시하되 꿈과 이상을 추구하자는 내 모토가 정말로 부질없는 바람처럼 비춰지지는 않을까 하는 생각이 들 때도 있다. 밖에서는 강한 척, 아무렇지 않은 척 노력하지만 속은 이내 시커멓게 그을렸다.

한 줄, 한 줄 가사를 음미하며 전한 내 속마음이다. 사실 그만큼 이번엔 좀 힘들었던 것 같다. 꿈을 추구하는 게 좋기도 하지만 하고 싶은 것을 하기 위해 도전하는 것이 때론 이렇게 힘들 때도 있고 지칠 때도 많다. 하지만 그럴 때마다 '아니야, 나는 강해', '이 정도는 견뎌 내야 돼', '어쩔 수 없는 거야'라는 식으로만 나를 채찍질 한다면 정말로 내가 힘들 때 우리는, 우리 스스로도 위로해 주지 못하는 사람이 되고 만다. 다른 사람은 몰라도 적어도 우리 자신에게만큼은 솔직해져야 한다. 최소한의 방패로 우리가 우리 자아를 보살펴 주고 감싸 줄 수 있어야 하지는 않을까? 일부러 독해질 필요도 없고 굳이 강해지려 애쓰지 않아도 된다. 감정은 그냥 내 자신에게만 있는 그대로 솔직하다면, 진짜 그 사람이 강한 사람이다.

정녕 어학원은 필수인가

어떻게 하면 내가 모은 돈을 가장 효율적으로 쓸 수 있을까를 고민해 봤다. 여러 관련 책을 읽은 결과로 얻은 지혜는 두 가지로 수렴했다.

가 봐야 안다.
영어는 잘해야 한다.

사실 한두 권만 읽어도 이 정도의 결론은 쉽게 도출해 낼 수 있었다. 그러나 나는 최대한 많은 책을 접하고 다양한 '워홀' 사례를 통해 새로운 정보를 찾는 데 혈안이 되어 있었다. 이유는 뻔했다. 너무도 당연한 이 명제를 한 번에 간파해 줄 속 시원한 비법이 있지는 않을까 하는 기대 때문이었다. 예를 들면 영어를 못해도 로컬잡local job을 쉽게 구할 수 있다던가 하는 그런 정보들. 운이 아니고서야 설명이 될 리 없는 사례들만 찾고는 스스로 꿀팁이라 여겼다.

당시 내 최대 고민은 유학원을 통해 갈 것이냐의 여부였다. 여유 있게 준비하는 만큼 호주에 가서 영어 공부를 하는 데 방해가 될 만한 요소 따위는 만들고 싶지 않아서였다. 하지만 인터넷을 통해 알아본 유학원의 워홀 비용 가격은 적게는 100~200만 원부터 많게는 500~600만 원까지 천차만별이었다.

필리핀 2개월 어학연수 + 호주 워킹 홀리데이 픽업 도움
→ ○○만 원
호주 3개월 어학연수 → ○○만 원
호주 3개월 어학연수, 취업 보장 → ○○만 원
필리핀 2개월 어학연수, 호주 호텔 취업 보장 → ○○만 원

보라. 저 혹하는 패키지 상품을. 실제로 그중 한 유학원에는 전화해서 찾아가 상담까지 받은 적도 있었다. 영어를 못하니까 어학연수는 가야 하는 게 맞을 것 같았고, 취업까지 보장해 준다고 하니 마음 놓고 영어 공부도 할 수 있을 것 같았다. 그러나 확신이 잘 서지 않았다.

결국 그러한 것들이 다 비용으로 청구되기 때문이다. 예를 들어 호주 3개월 어학연수 코스를 끊으면 관련 패키지 비용만 300만 원이었다. 비자 및 비행기 티켓값은 제외하고서 말이다. 무슨 조그만 프로그램 하나만 추가하더라도 시작가는 100만 원 이상이었다. 눈 질끈 감고 스스로 감당만 한다면 모두 내 생활비로 귀속될 수 있는 돈이다. 고민이 꼬리에 꼬리를 물 무렵, 어느 한 커뮤니티를 통해 조만간 워킹 홀리데이 박람회가 열린다는 소식을 접하게 되었다. 답답한 마음이 컸던 나는 그곳에서의 상담을 기점으로 확실히 결정을 내리기로 다짐했다. 전문가의 조언을 듣다 보면 그래도 뭔가 현실적인 도움이 될 것 같다는 판단에서였다. 마침내 당일이 되었고 현장에 도착한 나는 차례를 기다리던 도중 우연히 한 참가자가 상담하는 내용을 엿듣게 되었다. 그리고 그 시간은 나에게 어쩌면 책보다 훨씬 더 값진 잔인한 현실을 깨닫게 해 주었다.

"안녕하세요. 자, 이름하고 나이, 어학 실력이요."

"저는 임수진(가명)이고 나이는 스물네 살, 영어는 중간? 중간 이상은 된다고 생각해요."

"네. 호주에 가시면 어디에 취업하시고 싶으세요?"

"저는 한국에서 카페 알바 경험도 있고 해서 호주 가면 카페로 취업하고 싶거든요. 토익도 890점 정도 되고요."

"토익은 전혀 쓸모없고요. 스피킹은 스스로 중간 정도가 된다고 생각하세요?"

"네. 그래도 필리핀에 어학연수로 다녀온 경험이 있고 어느 정도 웬만큼은 한다고 생각합니다."

"학생. 잘 들으세요. 호주 카페 알바는 현지인들한테도 결코 쉬운 잡이 아니에요. 그냥 한국에서 스타벅스 경력 좀 있다고 취업 되는 곳이 아니라는 말이에요. 그리고 중간 정도의 영어 실력으로는 어림도 없어요. 정말 말을 유창하게 할 수 있어도 카페는 못 할 수도 있어요."

"그래도 어떻게 비벼 보면 뭐 좀 되지 않을까요? 여기저기 이력서 내밀고 하면 가능성이 있지 않을까요?"

"학생 어디 가고 싶어요?"

"저 브리즈번이요."

"브리즈번에 있는 사람 전부가 학생처럼 생각하고 있다고 보시면 돼요. 다 학생처럼 그 생각하면서 브리즈번에서 한인 잡 하고 있어요."

"그럼 어떻게 해야 되죠?"

"일단 브리즈번에 저희 사무소가 있어요. 거기서 이력서나 면접 보는 스킬 좀 배우시면서 어학원에 계속 다니세요. 저희가 추천하는 어학원은 ○○어학원입니다. 거기 몇 달간 다니시면서 기회를 노리시는 게 가장 현명한 선택이에요. 물론 영어 공부도 꾸준히 해야 하고요. 괜히 초조해서 한인 잡 하시면 계속 한인 잡만 하다 한국 오는 거예요."

"네. 생각해 볼게요."

그 학생의 상담을 듣고는 그곳에 줄을 서 있는 내 자신이 굉장히 부끄럽게 느껴졌다. 당장이라도 저런 잔인한 말을 하는 유학원 관계자에게 가서 "거, 이 양반아. 이거 좀 심한 거 아니오!"라고 말하며 마케팅 좀 적당히 하라고 이야기하고 싶었다. 그러나 그러지 못했다. 나에게는 그 양반의 팩트 폭행을 정면으로 받아칠 무기가 전무했다.

내가 바랐던 이상적인 기준을 지닌 저 학생도 게살 벗겨지듯 하는데, 나라고 저 사람에게 무엇을 자신 있게 이야기할 수 있을까? 영어 회화 책이나 외우고 있다고 고백할까? 아니면 투잡을 하고 있고 조만간 영어 학원을 다녀 볼 계획입니다, 하고 변명 같은 포부를 밝혀 볼까?

차라리 "저기— 어떻게 하면 한인 잡을 구하면서 영어를 쓸 수 있는 환경을 만들어 볼 수 있을까요?"라고 조언을 구해 보는 게 더 현명할지도 모르겠다. 애초에 무슨 비결이 있겠지 하고 요행을 부린 내가 바보였다. 현실은 현실이었다. 회화를 중간은 한다고 자신 있게 이야기해도 호주에서 실패할 수 있다는 건 전혀 놀라운 이야기가 아니었다. 투잡으로 인해 현실을 너무 안일하게 인식한 내가 문제였다.

돈 vs 영어

　사실 정답은 정해진 것이나 다름없었다. 개뿔 가진 것도 없는 내가 겨우 회화 책 쪼가리나 외운다고 호주에서 말을 잘할 수 있는 것은 아니기 때문이다. 그러나 유학원으로 틀자니 그들이 말하는 취업 보장 코스를 잘 해낼 수 있다는 스스로에 대한 믿음도 약했다. 확실한 보상도 기대할 수 없는 곳에 내가 어렵게 번 돈 전부를 베팅한다는 게 여간 힘든 결정이 아니었다. 물론 로컬잡에 취업만 된다면 돈 몇백만 원이 아깝진 않다. 단지 거기서 벌면 그만이다. 하지만 구조를 잘 들여다보면 그들이 말하는 취업 보장 코스가 꼭 호주 취업만을 의미하는 것도 아니었다. 내가 끝끝내 영어를 못했을 시에는 한인 잡을 통해 일자리를 가져야 하는, 그야말로 안 하느니만 못한 조건이었다.

　'만약 현지 면접에 다 떨어져서 한인 잡을 하게 되면 어떻게 되지?'라는 생각. 처음부터 실패를 가정한 극단적인 생각이 계속 나를 가둬버렸다.

　여기에 나를 미치게 하는 고민이 하나 더 있었다. 그것은 바로 돈과 영어에 대한 욕심. 그 두 마리 토끼에 대한 집착이었다. 워홀 관련 책들을 읽다 보면 다들 뭔가 하나씩은 기가 막힌 것들을 경험으로 가져온다. 여행이 목적이 아니었던 나는 어떻게든 이번 워홀을 실패로 만들고 싶지 않았다. 그러자면 취해야 할 내 포지션은 분명했다. 첫째, 1억을 벌어 성공한 외노자가 되기. 둘째, 1년 만에 영어 선생님으로 화려하게 변신하기. 나는 둘 중에 하나를 선택해 내 워홀 인생을 성공적 경험으로 이끌어야 했다. 하지만 일에도 올인하기 싫었고 그렇다고 영어 공부만 한다고 돈을 포기하고 싶지도 않았다. 왜냐면…

둘 다 잘할 자신이 없었기 때문이다.

그러던 어느 날이었다. 갑자기 친누나가 아는 오빠의 동생을 소개시켜 준다고 하더니 상담을 받아 보라고 권했다. 그 오빠의 동생도 워킹홀리데이를 다녀온 경험이 있다고 하면서, 서로 대화를 나누다 보면 뭔가 실타래가 풀리지 않을까 하는 누나의 진심에서 나온 조언이었다. 그렇게 해서 누나와 함께 '아는 오빠의 동생'을 만나게 되었고, 나는 내가 가진 고민들을 털어놨다. 그 형님의 메시지는 깔끔했다. 결국엔 하나만 택해야 한다는 게 결론이었다. 둘 모두는 결코 가질 수 없으며 잘못하다간 돈이며 영어며 모두 잃을 수 있다는 잔인한 조언을 남겨 주셨다. 추가로 차라리 돈 벌 생각 하지 말고 경험을 쌓는다 여기며 여행이나 많이 다니라는 다소 맥 빠지는 소리까지 들어야 했다. 하지만 나는 절박했다. 어떻게든 실질적인 조언을 얻어 내가 참고할 수 있는 결정을 내리고 싶었다. 나는 조금 더 강력하게 의지를 어필해 "그렇다면 돈보다는 영어에 조금 더 치중하고 싶은데요?"라고 간절함 섞인 호소를 전했다. 그러자 형님은 그렇다면 지금 하고 있는 투잡을 당장 그만두고 영어 학원에 다니라고 했다("사실 지금 영어 공부를 시작해도 될지 안 될지 모르겠지만"이라며 말끝을 흐리면서…). 여기에 누나의 2차 공격도 이어졌다.

"대익아, 이분의 이야기가 다 맞는 말이네. 너 지금 무리하고 있어! 당장이라도 알바 그만두고 회화 학원부터 다녀. 아니, 영어를 배우고 싶다면서 투잡을 한다는 게 말이 되는 소리니?"

하고 싶은 말이 가슴속 깊숙한 곳부터 차올랐지만 간신히 억누른 채 나는 한 번 더 주장을 관철시켰다.

"그래서 전화 영어를 해 볼까 하는데 3개월 동안 일주일에 다섯 번 정도 한다면 그래도 조금은 늘지 않을까요?"

절망이 깃든 답변을 들었다. 그럼에도 화를 낼 수는 없었다. 먼저 주제를 넘은 건 나였으니까. 이번 만남을 통해 또 한 번 현실을 깨달았다. 자존감만 낮아진 나는 어느새 욕심만 가득한 이기적인 놈이 되어 있었다.

'그래. 애초에 영어와 돈을 모두 가진다는 건 정말 무리였던 걸지도 모르겠다. 책에 나오는 이야기는 어디까지나 환상일 수도 있겠다. 그만큼 드문 경우니까 책으로 나온 거겠지.'

돈을 버는 것도 통장 잔고를 확인하는 것도 이제 더는 즐겁지 않았다.

형! 어차피 경험하러 가는 거 아니에요?

생각해 보면 그때 내가 진짜 듣고 싶었던 대답은 뼛속 깊숙이 들어오는 독설보단 그냥 작은 위로가 아니었나 싶다. 어느 누구한테도 자신 있게 내 포부를 밝힐 수가 없었다. 모두들 부정적으로 바라봤고 그들은 시작도 하기 전에 내 패배를 마치 예상이나 한 듯했다. 그러던 중 정말 우연한 상황에서 나의 고정관념이 바뀌게 된 계기가 있었다.

여느 때처럼 볼링장 알바를 마치고 피곤에 찌든 몸을 챙겨 두 번째 일터로 향하고 있었다. 사실 그 가게에는 이미 나보다 먼저 워홀을 경험한 동생이 한 명 있었다. 다만 그 동생은 50만 원이라는 아주 적은 자금을 가지고 호주를 다녀왔기에 나는 처음부터 그와 비교 대상이 아니라고 여겼다. 시작부터 나와 목적이 달랐으며, 그 친구에게 돈과 영어는 1순위의 고려 대상이 아니었다. 그래서 굳이 상담의 필요성을 느끼지 못했다. 그런데 어느 날 답답했던 나는 나도 모르는 사이 동생에게 푸념 아닌 푸념을 늘어놓고 있었다.

"호주 워홀을 유학원을 통해 갈지 혼자 갈지 도저히 결정을 못 하겠네."

"형, 어차피 경험하러 가는 거 아니에요? 가서 부딪혀 보면 되죠."

"그래도 걱정되잖아. 한두 푼도 아니고…. 진짜 호주에 대해 아무것도 모르는데…"

50

"에이, 형! 안 죽어요. 저도 50만 원으로 갔잖아요. 형 괜찮아요. 다 할 수 있어요!"

그렇게 짧은 대화를 마치고 우리는 각자 할 일을 마무리했다. 사실 그때까지만 해도 나는 그 대화가 그저 평범한 대화라고만 여겼다. 고민 상담이라기엔 그냥 가벼운 응원 정도에 불과했다. 그런데 왜였을까? 집으로 오는 내내 동생의 말 한마디는 계속 내 뇌리 속에서 어루만져지고 있었다.

"어차피 경험하러 가는 거 아니에요?"

'경험이라고? 그래. 경험이지. 아니 근데 잠깐만. 그럼 내가 지금까지 경험을 어떻게 정의했던 거야?'

가만 생각해 보니 그 친구가 말한 경험과 내가 스스로 정의 내린 경험의 의미가 달랐다. 그동안 나는 경험을 추억을 쌓을 수 있는 수단 정도로만 여겼다. 여행, 파티, 놀이 등 좋은 의미에서 새로운 활력을 가져다주는 것만 경험의 범주에 포함시키고, 험난한 여정과 같은 내용은 여기에 속하지 않는다고 생각했던 것이다. 그런데 곰곰이 바라보니 경험이란 말은 그 뜻이 훨씬 넓은 개념이었다. 그리고 여기엔 내가 호주로 떠나고자 했던 목적, 즉 포괄적인 의미에서의 경험을 얻고자 한 것도 분명 포함됐었다. 설마 내가 호주에 지내면서 돈을 벌고 영어 공부를 하는 동안 어려움을 하나도 안 만날 거라고 생각했을까? 그건 아닐 것이다. 그렇다면 나는 지금 나에게 부닥쳐 올 위험이 무서워 유학원에 너무 기대고 있었던 거였나? 아니다. 내가 정말 걱정했던 것은 단지 초기 정착의 '두려움'이었다. 지내다 보면 초기 적응의 어려움보다 훨씬 더 큰 고비들도 다가올 것이다. 내가 호주 워홀을 가려 했던 건 삶의 의미를 찾기 위함도 있었겠지만 그 안에는 애초에 일어날 수 있는 역경도 반드시 극복해 낼 수 있다는 믿음을 확인하고 싶어서였다. 목적 자체가 모험이었기에 이건 내가 감수해야 하는 당연한 이유였던 것이다. 동물도 사냥을 하기 위해서라면 일단은 사냥터에 뛰어드는 것이 너무나 당연한 이치이거늘. 생각이 여기까지 미치자 그동안 유학원을 고민해 온 내가 바보같이 느껴졌다.

'지금 내가 겨우 호주에서 자리를 못 잡을까 봐 이런 고민을 했던 거야? 단지 초반에 취업 못 하고 한인 하우스에서 생활할까 봐 유학원까지 알아봤던 거였어?'

이러한 의식의 전환은 내가 왜 호주에 가려고 했으며 왜 충분할 정도의 돈을 모으려 했었는지 다시금 생각해 보는 계기를 마련해 주었다. 처음부터 힘들 걸 각오했기에 3개월치의 생활비를 미리 모으려 했다. 혹여나 생활비를 모두 쓰고 나서도 잡을 못 구했다면 하다못해 나는 한인 잡이라도 구했을 것이다. 어떤 일이건 간에 영어를 쓸 수 있는 상황을 만들기 위해서라면 무슨 수를 쓰더라도 분명 노력했을 것이다.

그렇다! 그 전까지의 나는, 나를 그냥 믿지 못하고 있었던 것이다. 편견에 파묻혀 현실에 순응만 해 오다 내가 해 온 나름의 성과마저 나는 모두 깎아내리고 있었다. 이미 투잡을 하면서도 수백 개의 영어 문장을 암기해 왔다. 자는 시간을 최소화해 다양한 책을 읽고 블로그에 글을 써내는 등 내가 하고 싶은 것들을 꾸준히 지켜 나갔다. 그런 내가 단지 초기 정착이 두려워 200~300만 원 짜리 패키지 상품을 고민했다니. 머리를 뭔가에 탁 얻어맞은 느낌이었다. 그리고 다시는 유학원을 고민하지 않았다. 아니, 이제는 고민할 이유마저 사라졌다.

나를 믿는 것. 모험의 우선순위 첫 번째는 나를 믿는 것이었다.

호주행

드디어 지옥 같았던 투잡 생활에 마침표를 찍게 되었다. 나는 엄마에게 부쳐야 하는 돈을 제외하고서도 목표한 자금을 대체로 확보한 것에 뿌듯함을 느꼈다. 여전히 빈약해 보이는 내 영어 실력. 영어 회화책을 100번을 넘게 달달 외울 정도로 최선을 다했지만 그럼에도 느껴지는 부족함은 어쩔 수 없었다. 나는 그저 외국인과의 의사소통에 조금의 자신감이라도 확보해 볼 요량으로 전화 영어를 하는 등 주어진 여건을 최대한 활용해 봤다는 것을 위안으로 삼았다.

호주행에 있어 지역은 크게 고민하지 않았다. 누구는 퍼스가 좋다고 하고 누구는 멜버른, 브리즈번을 추천했지만 나는 그냥 시드니로 정했다. 이유는 단순히 그곳이 가장 사람이 많고 일자리가 풍족해서였다. 한국에서도 취업을 원하면 서울이 가장 낫듯, 호주라고 다를 게 있을까? 물론 그에 준하는 시드니의 집값은 오로지 내가 감당해야 할 몫이었다. 그래도 뭐 어쩔 수 없지. 지금 시점에서 나에게 필요한 건 일을 할 수 있는 여건을 만드는 게 중요했다.

1억을 벌기 위해 무수히 많은 시나리오를 계획했다. 투잡은 어떻게 해야 하고 최소 시급은 얼마가 되어야 하고 몇 달을 일해야 하는지에 대한 고민을 며칠 동안 했다. 그런데 아무리 완벽하게 준비했어도 그 모든 건 그저 머릿속으로 만들어 낸 계획에 불과하더라. 호주에서 구직 활동을 하며 단 며칠 만에 이 사실을 깨달았다.

혹시 나중에 이런 이유로 호주 워홀을 고민하는 사람이 있다면 이렇게 말하고 싶다. 계획은 촘촘하게 짤수록 불리하니 최대한 느슨하고 유연하게 하라고. 내가 받고 싶어 하는 최소한의 급여 기준과 월 얼마 정도의 소득을 계획하고 있는지만 알아도 직업을 구하는 데 충분한 기준으로 작용할 수 있다.

2주 동안 워홀에 대한 준비를 모두 마쳤다. 출국 당일, 나는 인천공항행 버스를 타기 위해 분주히 움직이며 말도 많고 탈도 많은 한국 생활에 종지부를 찍으려 하고 있었다. 그리고 공항에 도착해 탑승장 게이트로 발걸음을 옮기며 다시 한번 힘찬 도약을 기대했다. 나의 꿈, 워홀이 드디어 시작되는 순간이었다.

II

그곳은 도시,
시드니였다

1
낯선 경험

버스? 택시?

 기내는 무척 고요했다. 하지만 열 시간이 넘는 비행 동안 마음 편히 잘 수가 없었다. 나는 손에 든 회화 수첩을 따라 주문을 외우듯 중얼거리고 있었고, 현실이 되어 버린 호주행은 호기심이 아닌 막막함으로 온몸을 자극했다. 뜬눈으로 날을 새고 8시, 아침이 밝았다. 비행기에서 내린 후 내가 발을 딛고 있는 곳이 더 이상 한국이 아님을 알게 되었다.

 이제부터였다. 지금부터 나는 모든 결정을 혼자 내려야 했다. 모르는 것은 영어로 질문해야 했으며 여행이 아닌 생존을 걱정해야 하는 처지가 돼 버렸다. 어떻게 게이트를 빠져나왔는지도 모른 채 나에게 첫 번째 미션이 주어졌다. 대망의 핸드폰 개통. 드디어 내 의사를 영어로만 전해야 할 타이밍이 찾아왔다.

"I'd like to choose your mobile plan."

(요금제를 선택하고 싶은데요.)

"I think this is good, and I wanna get the plan paper."

(이게 좋겠네요. 요금 관련 서류는 챙겨 갈게요.)

분명 직원이 뭐라고 하긴 했는데 벌써부터 못 알아듣기 시작했다. 땀방울이 발밑까지 맺혔다. 직원이 내 폰을 가지고 유심 칩을 갈아 끼워주려는 것으로 보아 내가 요청한 요금 플랜대로 조치가 취해지는 것같았다. 나는 잽싸게 요금 계획서를 가져가겠다고 말하며 혹시나 있을 불상사에 미리 대비하려는 모습을 보였다. 작업을 마친 직원이 웃는 얼굴로 내게 폰을 건네줬다. 자리에서 인터넷이 되는 걸 확인하는 순간 얼어붙었던 내 얼굴에 그제야 웃음꽃이 피어났다.

다음 단계부터는 일사천리로 진행되었다. 모르면 전부 검색으로 해결이 가능했고 호주에 대한 조언은 이미 우리나라 커뮤니티에 차고 넘쳤다. 플랫폼에 몸을 기댄 채 잠시 여유를 느끼며 슬슬 묵을 곳을 알아보기로 했다. 그 결과 시드니 중심부의 웨스트엔드 백패커스Westend Backpackers(일명 '백패커')라는 숙소가 가장 저렴하다는 것을 확인하고는 당분간 그곳에 머물기로 결정했다.

공항에서 시드니까지 어떻게 갈까 생각을 했다. 방법은 호주 우버 택시, 한인 택시, 대중교통으로 나뉘는데 대부분의 워홀러들은 한인 택시를 통해 백패커까지 안전하게 간다고 한다. 생판 처음 보는 곳에 와서 커다란 짐을 질질 끌면서 어떻게 생겼는지도 모르는 여행자 숙소를 찾기는 쉽지 않기 때문이다. 그러나 도착하자마자 절약해야 한다는 생각에 사로잡힌 나는 대중교통을 이용해 보는 모험을 선택했다. 5~10배 가까이 차이가 나는 요금을 외면하는 게 힘들어서였다. 여기에 왠지 그냥 잘할 수 있을 것 같다는 생각이 든 것도 한몫했다. 모험은 역시 개고생으로 끝나야 기억에 남는 법. 버스와 전철을 오가며 환승하고 캐리어를 끌면서 1킬로미터 정도를 배회한 끝에 겨우 숙소에 도착했다. 도중에 길만 네다섯 번을 물어본 만큼 이마에는 땀이 송글송글 맺혔지만 성취감을 맛보기엔 충분했다. 체크인을 마친 나는 짐을 풀고 가벼운 휴식을 취하기로 했다. 그러나 눈만 잠시 감는다고 생각하고 누운 것이 어이없게도 그날 하루의 일정을 모두 삭제시켜 버렸다. 그렇게 시드니에서의 첫날은 숙소 도착과 '잠'으로 마쳐야 했다.

차라리 비용을 좀 더 내고 편하게 와서 첫날이 주는 여행의 설렘을 감상해 봤으면 어땠을까 하는 생각을 해 본다. 분명 첫날만이 주는 매력이 있을 텐데 고작 돈 몇 푼 아껴 보자고 숙소에서 곯아떨어진 경험은 지금도 영 찜찜한 채로 남아 있다.

백패커 생활

내가 앞으로 지낼 웨스트엔드 백패커스, 즉 '백패커'의 첫인상은 나에게 무척 인상 깊게 다가왔다. 먼저 강렬한 여행자 냄새. 지금도 떠올릴 수 있는 그 특유의 쿰쿰한 향은, 지어진 지 50년도 더 됐을 건물에 여러 인종이 낭만 가득한 여행을 위해 땀 흘려 고생하는 '생활의 냄새'였다. 화장실에서 남자와 여자가 자연스럽게 왕래하는 것도 신기했다. 볼일을 보고 나올 때 세면대 앞의 한 여성 친구가 화장을 하면서 나에게 인사를 하던 장면—아마 냄새가 많이 나지는 않았나 보다—이 아직도 눈에 선하다.

하루 이틀이 지나고 본격적으로 친구를 사귀기로 마음 먹었다. 가장 쉬운 방법은 역시 내 방에서 같이 지내는 친구에게 말을 거는 것이었다. 그러나 "헬로"로 시작한 통성명은 서로의 국적과 목적을 확인한 후부턴 더 이상 진전되지 못했다. 대부분 오늘 인사하면 내일 가는 친구였고, 설령 며칠 뒤에 간다 해도 생각보다 물어볼 게 많지 않았다. 더불어 백패커는 낯선 자들을 배려하는 곳이 아니라는 것도 알았다. 아무리 외국인이 많고 다양한 언어가 공존한다 해도 대화는 끼리끼리 이루어졌으며, 친해지고 싶으면 무조건 본인이 먼저 다가가야 했다. 그곳의 저녁은 보통 많은 사람들이 요리를 하고 맥주를 마시면서 그간의 일상 이야기들을 친구들과 공유하는 시간이었다. 나는 잘 풀어 헤친 라면을 이용해 이 한국적 음식을 안주 삼아 같이 이야기를 나누고픈 친구들을 찾아다녔다. 그러나 대부분의 커뮤니티는 이미 형성된 것 같았고 이는 영어가 서툰 나를 주눅 들게 했다. 결국 먼발치서 와자지껄한 모습을 지켜보아야만 했다. 라면은 어느새 불어 터졌다.

'그래. 아직은 어색해서 그런 거야. 차차 나아지겠지. 겨우 3일째야. 여유를 갖자, 대익아.'

　다음 날이 되고 나는 또 사람들이 북적거리는 시간대에 나와 영화 대본—내가 호주에서 하려고 했던 영어 공부법—을 펼쳐 보이며 말을 걸어 볼 만한 인물들을 요리조리 살펴보고 있었다. 갑자기 그때 한 중국인 여자애가 내 옆에 앉았다. 그녀는 호주가 처음이라면서 나에게 먼저 말을 걸어왔다. 한두 시간 이야기를 주고받으면서 그 친구로부터 오늘 밤 이곳 사람들과 클럽에 가는데 같이 가지 않겠느냐는 제안을 받았다. 좋은 기회였다. 나는 알겠다고 이야기했고, 그렇게 우린 시간을 맞춰 다시 보기로 약속했다. 그러나 약속 시간이 지났는데도 그 친구—연락처도 미처 얻지 못했다—는 나오지 않았다. 그렇다고 오늘 밤 클럽 파티가 있다는 정보를 무시할 수 없어 나는 혼자 주소를 물어 겨우 클럽 앞에 도착했다. 화려하게 입은 사람들이 줄 서 있는 모습을 보고 나도 이제 제대로 놀 수 있는 건가 하는 마음에 흥분도 됐으나 솟구친 기대는 이내 허황된 거품으로 바뀌었다. 놀아 본 사람이 잘 논다고, 클럽 문화에 익숙지 않은 내가 엄청난 비트에 두들겨 맞으며 모두가 신나게 춤을 추는 곳에서 할 수 있는 것은 아무것도 없었다. 말 한마디 건네는 건 고사하고 어디서 주문을 해야 하는지도 몰랐다. 30분 남짓을 꾸어다 놓은 보릿자루처럼 서 있다가 비트에 두들겨 맞다 결국 튕겨져 나왔다. 갑자기 '현타'가 세게 밀려왔다. 모든 게 그냥 어렵다는 생각만 들었다. 친구를 과연 만들 수 있을까를 걱정하면서 외로움을 짊어진 채 다시 백패커로 향했다.

좋은 약은 언제나 쓴 법, 다음 날부터 외국인에게 인사하는 것 정도
는 어렵지 않게 되었다. 나는 저녁 시간에 룸메이트가 밥을 먹고 있는
것을 보고 자연스럽게 옆에 앉아 정성껏 끓인 라면을 선보이며 관심을
이끌었다. 다행히 이번 시도는 성공이었다. 그는 내 음식에 반응을 보였
고 그러자 주변의 외국인 친구들도 하나둘 모여들기 시작했다. 대화의
물꼬를 튼 나는 SNS 아이디와 워홀을 준비한 계기 등을 물어보며 적극
다가가려 노력했다. 그러자 한 이탈리아계 친구가 나에게 질문을 했다.

"그런데 너는 나이가 어떻게 돼?"
"나? 한번 맞혀 볼래?"
"글쎄? 한 22살? 23살? 20대 초반 같아 보이는데?
"고마워, 나는 스물여덟 살이야."
"뭐라고? 나보다도 나이가 많잖아! 내가 스물다섯 살인데."
"한국에서는 나이 많은 사람한테 '형님'이라고 해. 따라 해 봐. 형님!"

그러자 다들, "형님!"을 외치며 시선은 여전히 의구심으로 가득했다.
이 밖에도 국적이 'south'인지, 'north'인지 물어보는 질문에 내가
'north'라고 장난을 치자 소스라치게 놀라는 표정을 보이며 걱정해 주
는 모습들이 재미있었다. 서로에게 장난을 칠 수 있는 수준까지 이어
지자 처음으로 이곳에 오길 잘했다는 생각이 들었다. 우리는 같은 신

분을 지녔기에 맞닥뜨리는 어려움에 대해 이야기할 수 있었고 경험 많은 친구들은 이러저러한 것들을 조심하라며 충고를 아끼지 않았다. 호주 와서 처음으로 말동무가 되어 준 친구들이었다. 비록 그들 중 대부분은 다음 날 떠날 예정이라 깊은 교감을 나눌 수는 없었지만 그럼에도 나는 값진 경험이라 생각했다. 앞으로 그런 과정은 수십 번은 마주해야 할 장면이었고 나는 그저 첫 삽을 뜬 것에 불과했다.

내가 머물 곳이란

백패커에서 열흘간 머물면서 나는 내가 지낼 방을 찾는 것에 집중하기로 했다. 우선 원하는 조건을 하나씩 적어 내려갔다. 첫 번째는 '시드니 중심부에 위치해야 할 것', 두 번째는 '외국인 셰어 하우스여야 할 것', 세 번째는 '방세가 합리적으로 느껴질 것'이었다. 시드니 중심을 고집한 이유는 단지 일자리 때문이었다. 도심지 한복판에 살면 일자리 선택의 폭을 넓힐 수 있다고 생각했다. 시드니가 '닭장 셰어'로 유명한 곳이라 걱정도 되긴 했지만 공급도 많고 어차피 방을 보고 계약을 할 것이기 때문에 집 안의 컨디션과 방세는 충분히 컨트롤 가능하리라 생각했다.

A4 한 장 분량의 체크리스트와 질문지를 통해 본격 방 구하기 탐문에 나섰다. 첫 번째 집은 주 135불에 말 그대로 시드니 초중심에 있는

아파트였다. 거실 한 개, 방 두 개, 화장실 두 개로 이뤄진 그 집에는 총 여덟 명이 살고 있었고, 거실에도 사람이 두 명이나 살고 있는 전형적인 닭장 셰어였다. 내가 머물 곳은 4인 1실이었고 2층 침대 두 개와 책상이 있어 겨우 구색만 갖춰진 형태의 방이었다. 그래도 사람들은 순해 보였고 지내는 데 크게 불편함은 없을 것 같아 일단 보류하기로 했다. 인터넷 상태, 분리수거 방법, 사는 사람들은 어떤지에 대해 차분히 물어본 후 2~3일 정도의 시간을 달라고 정중히 부탁을 했다. 매니저는 필리핀 사람이었다. 영어가 서툰 나에게 그는 쉬운 영어를 써 가며 내 요청을 흔쾌히 들어주었다.

두 번째 집 역시 시드니 중심지였다. 단독주택flat house으로 되어 있던 그 집은 시설 면에서는 가장 좋았기에 굉장히 마음이 흔들렸다. 매니저 없이 모두가 다 같이 규칙을 지켜 가며 사는 곳이었고 우리나라의 청년 셰어 하우스 같은 곳이라 봐도 무방했다. 그곳에서 특별히 기억에 남는 점은, 내가 방을 봤다기보단 그 집의 일부 구성원이 나를 면접 보는 느낌이었다는 것이다.

"너는 성격이 어떻게 돼?"
"너는 앞으로 시드니에서 무엇을 할 계획이야?"
"우리는 주말에 가끔씩 파티도 하는데 너도 같이 참여할 생각 있어?"
"여기서 살게 되면 잦은 외출은 우리들에게 피해를 줄 수 있어. 그런 것들은 지켜 줄 수 있어?"

아무래도 서로가 부대끼며 사는 곳이기 때문에 집의 쾌적함을 이야기하기보단, 내가 그들과 잘 어울릴 수 있는지 등을 알아보기 위한 것 같았다. 모두 다 영어를 잘하고 남녀 성비도 반반이라 매우 탐나는 곳이었지만 3인 1실에 185불이라는 가격이 꽤 부담스러웠다. 또 왠지 섞이지 못하면 계속 '아싸'로 남을 것 같은 싸한 느낌이 들어 고민을 해 보고 연락을 주겠다고 했다. 결과적으로 그다음 날 그곳에서 함께 살지 못할 것 같다고 연락이 왔다.

세 번째 집은 시드니 중심에서 조금 벗어난 곳이었다. 그래도 일자리를 구하는 데 문제가 될 정도는 아니었고, 준수한 아파트 환경에 3인 1실, 주에 170불인 나름대로 합리적인 조건의 집이었다. 이탈리아인, 프랑스인 등 서양권 친구들과 같이 어울릴 수 있다는 것도 장점이었다. 하지만 엄청나게 무례한 매니저 때문에 그곳은 그냥 지워 버리기로 했다. 이야기하는 내내 그가 내 영어 실력을 업신여긴다는 것을 피부로 느낄수 있었고, 생각해 보고 결정하겠다고 하니 그런 나를 오히려 더 이상하게 쳐다보는 것이 아닌가. 다른 데 가면 이 정도 컨디션의 아파트를 절대 못 구한다고 말하질 않나, 너는 이곳이 처음이 아니냐는 식으로 계속 몰아붙이길래, 내일 알려 주겠다고만 이야기하고는 서둘러 나와 버렸다. 한 번은 겪어야 될 경험이라 여겼지만 역시 유쾌하진 않았다.

더 나은 곳을 찾고 싶은 마음도 없진 않았지만 거기서 크게 나아질 것 같지 않다는 생각이 좀 더 강했다. 세 번의 방문을 통해 내가 가격에 꽤 예민하다는 것을 알았고, 그냥 저렴한 액수를 내면서 나만의 커뮤니티를 만들자고 다짐했다. 그렇게 나는 우호적이었던 첫 번째 집과 기분 좋게 계약을 마치고 매니저와 저녁을 먹으며 간단한 회식을 했다.

핸드폰 개통, 백패커 예매, 머물게 될 집 고르기—여기에 더해 계좌 개설 및 TFN 넘버 발급 등—를 직접 하면서 느낀 건, 내가 영어를 못한다고 그 과정들이 그렇게 어렵지 않았다는 점이다. 워낙 인터넷에 정보가 잘 정리되어 있고 한인 워홀 커뮤니티 등 도움을 요청할 곳은 많았다. 그러나 그것들을 혼자 헤쳐 나가면서 한 가지 개념만은 확실히 챙겨야 했다. 내 신분을 꾸준히 상기하는 일. 바로 '멘탈 관리'다. 이곳에서 내 존재는 여행자인 듯 여행자가 아니고, 노동자인 듯 노동자가 아닌 신분이었다. 여행이 목적이 아니었던 나는 단순히 돈만 좇는 것도 아니었고, 영어를 제대로 써 보기 위해 여기에 왔다. 워홀러의 신분을 망각한다면 시드니는 언제나 멋진 곳이었지만, 헤쳐 나갈 생각을 하니 막막하기 이를 데가 없다는 생각이 자주 들었다. 경험자의 시선에서 바라본 시드니의 구직 현황은 일자리의 천국이기도 하지만 동시에 지원자들의 지옥으로도 악명 높았다. 오페라 하우스? 달링 하버? 여행자로서 그곳을 소비한다면 큰 즐거움이겠지만, 워홀러에게는 한낱 스쳐 가는 장소일 뿐이다. 한 달도 아니고 최소 1~2년간은 호주에 있을 텐데 당장 집세며, 생활비며, 먹을 것 등을 전부 벌어서 해결해야만 한다. 한순간만 선택을 잘못해도 위기에 빠질 수 있다. 그렇다고 호주의 법을 아는 것도 아니어서 어쩌면 부딪히는 것보다 피해야 할 순간이 더 많을지도 모른다.

지인이라고는 아무도 없는 곳에 홀로 내렸다. 넓지 않은 인간관계를 가진 탓에 경험을 공유할 친구도, 조언을 받아 볼 사람도 전무하다. 모든 것이 최초의 경험이고 첫 도전이다. 그럼에도 명심해야 할 게 있다면 이 결정을 선택한 사람은 오직 '나 자신'이라는 것. 두렵고 힘들어 괴로울지언정 핑계 대는 삶은 살고 싶지 않아 이곳에 왔다. 다양한 경험을 하고 싶었고 도전은 내가 감당해야 하는 숙명이다. 그러니 잊지 말자.

무엇보다 나는 잘할 수 있다!

살 떨리는 첫 인터뷰

호주 워홀러에게 중요한 미션이자 가장 힘든 미션이 주어졌다. 바로 일자리 찾기. 현지인들이 대표적으로 이용하는 구직 사이트로는 '검트리Gumtree'가 있다. 그곳에선 현지 일자리뿐만 아니라 셰어 하우스도 구할 수 있고 가끔씩 물건을 사고파는 중개 장터로서의 역할도 같이 하고 있다. 우리나라로 따지면 '알바몬', '직방', '중고나라'가 합쳐진 개념쯤이라 보면 되겠다. 그 외의 사이트로는 '시크Seek'와 '잡 서치Job Search' 등이 있다. 큰물에서 놀아야 많은 물고기를 잡을 수 있듯이 나는 일자리가 가장 많은 검트리에서 구직 활동을 시작했다.

그곳에는 새로운 일자리가 하루에도 수십 개씩 올라왔다. 처음에는 구경만 하다 스크롤을 내려 보니 쉽게 일자리를 구할 수 있을 것 같았다. 그러나 공고문을 꼼꼼히 확인할수록 하나같이 살벌한 영어 실력을 요구했고 'all rounder(다 할 줄 아는 사람)', 'fluent english skill is required(유창한 영어 실력 필요함)', 'at least(최소한—이 뒤에 나오는 표현은 대개 내가 바로 할 수 없는 것들이었다)' 등의 표현들이 눈에 자주 띄었다. 해 보고 싶은 것은 많았으나 아직은 영어 실력이 따라 주지 않았다. 현실적으로 비빌 수 있는 분야의 일자리를 찾아보니 어느새 한 가지만 남았다. 바로 '키친핸드'. 다시 말해 주방의 설거지를 담당하는 역할인데 많은 영어를 필요로 하지 않고 사람을 응대해야 할 일이 적어 워홀러들이 많이 택하는 직업 중에 하나다. '빡센' 노동이 단점이긴 하지만 영어 초보자가 호주의 법정 최저 시급을 받으면서 일해 볼 수 있는 몇 안 되는 포지션이기도 하다.

"Hello. I'm Dae Ik Kwon. I'm from Korea. I've been here for a month. Now I'm a looking for a job. I have a lot of experiences that I worked in Korea. So I can work very well. And I went to the korean army service for 2 years. So I have strong responsibility. And I can communicate with you in english even if I'm not fluent."

(안녕하세요. 제 이름은 권대익입니다. 저는 한국에서 왔고 호주 온 지는 한 달

정도가 되었습니다. 현재 저는 일자리를 구하고 있어요. 한국에서도 이미 많은 알바 경험을 가지고 있기 때문에 일을 잘할 수 있습니다. 한국에서 2년 동안의 군 복무를 마쳤기 때문에 책임감도 강합니다. 영어가 유창하진 않지만 당신과 의사소통할 수 있습니다.)

검트리에서 온라인 지원을 하려면 먼저 자신의 소개말을 작성해야 한다. 우리가 알바 사이트에서 온라인 지원을 할 때 기본적인 인적 사항을 적는 것처럼 말이다. 나는 겨우 2주 차인 티를 내지 않기 위해 '한 달'이라는 MSG를 뿌렸다. 여기에 군 복무와 한국에서 고객 응대 서비스 경력이 있는 경험을 위주로 커버 레터를 작성한 다음 키친핸드를 구하는 모든 곳에 뿌려 버렸다. 3~4일이 지났을 무렵, 몇 군데에서 연락이 오기 시작했다. 개중에는 다짜고짜 전화부터 걸어와 본의 아니게 진행된 전화 면접에서 떨어지는 수모를 겪기도 했지만 대개는 이메일, 또는 메시지를 통해 결과를 통보해 줬다. 뿌린 대로 거둔다고 했던가. 드디어 어느 괜찮은 레스토랑으로부터 정식 면접 제의를 받았다. 그렇게 나는 한국에서 취업 준비를 했던 것처럼 해당 레스토랑을 인터넷에서 검색해 정보를 확보한 뒤 나올 수 있는 예상 질문지를 최대한 필사적으로 외우려고 노력했다.

드디어 면접 당일이 되었다. 주소를 보고 찾아간 해당 레스토랑은 높은 빌딩에 엘리베이터를 타고 올라가야 할 정도로 꽤 큰 규모를 자랑하는 곳에 위치했다. 전형적인 로컬잡으로 법정 최저 시급을 확실히 챙겨 주는 곳이었고 도착해 바라본 레스토랑은 깔끔하고 고급스러웠다. 순백색의 주방 옷을 입고 있는 셰프들을 보며 나도 모르게 가슴이 쿵쾅거리기 시작했다. 멀뚱멀뚱 서 있던 나에게 중후한 인상을 지닌 헤드 셰프로 짐작되는 분이 다가와 자리를 안내해 줬다. 그렇게 면접은 시작되었다.

"비자(기간)는 어떻게 되니?"
"여기 온 지 얼마나 되었니?"
"식당에서 일한 경험은 있니?"

돌이켜 보면 대단한 질문은 아니었다. 한 시간 전까지만 해도 분명 외웠던, 당연히 예상했던 흐름이었다. 그러나 첫 번째 질문에서 나는 기간 앞에 전치사 'in'을 써야 되는지 'at'을 써야 되는지 헷갈려 버벅거렸고, 두 번째 질문에 '2주'라고 대답할까 '한 달'이라고 대답할까 고민하다 결국 어영부영 말했다. 분명 망한 인터뷰였음에도 헤드 셰프는 끝까지 프로다움을 유지했다. 어떤 지원자를 찾고 있는지 나에게 이야기해 주었고 키친핸드로서의 역할과 앞으로 내가 일하게 되면 하게 될 일들을 천천히, 그리고 쉽게 말해 주려 노력했다. 예상 외의 친절에 혹시나 하는 기대를 가졌건만 결과는 탈락. 아쉽게도 추가 연락은 오지 않았다.

첫 번째 도전은 쓰라린 실패로 끝났지만 기분이 나쁘진 않았다. 이제는 면접도 봤겠다 앞으로의 메커니즘도 어떻게 진행될지 알 것 같아 이력서를 부지런히 뿌리고 다녔다. 한 달로 뻥튀기되었던 내 이력서는 어느새 두 달로 부풀려져 있었다.

키친핸드, 그리고 하우스키퍼

두 번째 면접 날짜가 잡혔다. 장소는 피자집이었고 ○월 ○일에 트라이얼trial을 보러 오라 했다. 트라이얼이라 함은 쉽게 말해 나를 테스트하는 것으로, 초단기 인턴—호주에서는 면접 볼 때 거의 대부분 트라이얼을 요구한다—이라 보면 된다. 솔직히 가는 내내 불안함을 떨칠 수 없었다. 애초에 피자를 좋아하지 않아 많이 먹어 본 적도 없으며 피자는커녕 치즈에 대한 지식도 전무한 상태여서였다. 도착해서는 뭐가 어떻게 돌아가는지도 모른 채 일단 시키는 대로 했다. 아는 게 없으니 물어볼 것도 없었고, 매니저의 답답함이 내 뒤통수에도 고스란히 느껴졌다. 잠시 혼이 나간 사이 갑자기 새로운 사람이 주방으로 들어왔다. 이런. 경쟁자가 있었다. 그의 신분은 호주에서 귀족에 해당되는 원어민이었다. 서로 웃으면서 일상을 주고받는 모습에서 이미 평가는 끝난 듯 보였다. 그렇게 나는 세 시간 동안 치즈를 썰어 주는 봉사만 하다 집으로 돌아왔다.

피곤하고 씁쓸했지만 그렇다고 억울하진 않았다. 같은 급여라면 나

같아도 말이 통하는 사람을 쓰려고 했을 테니 말이다. 그냥 이것이, 여기 호주에서 비춰지는 내 능력이라고 여겨지니까 착잡함이 들 뿐이었다. 두 차례의 면접을 보면서 이거 괜히 로컬만 고집하다 일자리를 영영 못 가질 수도 있겠다는 불안감이 엄습했다. 방법을 바꾸기로 했다. 한인 커뮤니티 사이트를 통해 외국인과 함께 일할 수 있는 자리를 알아보기 시작했다. 정 못 구하면 우선 주말 파트타임으로라도 찾아보고, 평일에는 현지 잡에 계속 도전해 보기로 했다. 그러던 중 내 조건에 딱 부합하는 공고를 발견할 수 있었다.

> 5성급 ○○호텔
> 레스토랑에서 키친핸드 구함(긴급)
> 주말 2일, 열 시간 시급 18불 캐시
> 외국인 셰프와 어울릴 수 있음(영어 초보 가능)

'이야! 이거 대박인데?'

자세히 읽어 보니 한국인 매니저가 호텔에 수시로 드나들고, 나는 키친핸드로서 외국인 셰프들과 같이 일을 할 수 있는 환경이었다. 법정 최저 시급(22불) 이하인 것이 아쉽기는 했지만 포기할 것은 포기하자고 생각했다. 오히려 주말 잡으로 생계를 온전히 해결할 수 있다는 것을 더 큰 위안으로 삼았다. 당일 진행된 면접은 바로 합격으로 이어졌다. 그동안 출금만 표시된 내 카드 내역에 드디어 뭔가가 더해질 여력이 생겨났다. 나는 이를 발판 삼아 본격적으로 현지 잡을 알아보며 선택의 폭을 조금씩 넓혀 갔다. 그렇게 또 한인 커뮤니티 사이트를 들락거리고 있었는데 유독 하우스키핑house keeping 공고가 내 눈에 자주 들어왔다.

현지 하우스키핑 공고
풀타임 택스 잡
휴무 조정 가능

한국 내에서 하우스키퍼 잡은 조금 특별하게 여겨지던 직업 중에 하나였다. 유학원에서는 이 직종을 8주 어학연수를 마치고 호텔 인턴십이라는 명목하에 취업을 알선할 정도로 화려한 미사여구로 포장되어 있다. 그러나 그곳에서 그런 내용은 전혀 찾아볼 수 없었다. 공고를 클릭하고 상담도 가능하다기에 설마 내가 아는 그 직무가 맞는 건가 싶어 메시지를 보내봤다.

상담을 받던 중 하우스키핑 취업의 대략적인 메커니즘을 알 수 있었다. 일반적으로 호텔 취업은 구인·구직과 관련해서 현지 에이전시를 끼고 있다고 한다. 그런데 현지 에이전시가 대형일 경우 그런 일자리들은 대개 또 외주를 주게 된다. 그곳이 바로 그런 곳이었고 통칭 2차 에이전시라 불리는 그곳에서는 일정액의 수수료를 받고 현지 에이전시로 면접을 보게 해 주었다. 그래서 현지 에이전시에서 면접을 보고 합격 통보를 하면 나는 호텔에 자동 취업이 되는 방식이다. 호텔에서 인사 업무를 현지에 있는 에이전시에 외주를 주는 것으로 이해하면 된다. 물론 현지 에이전시와 바로 연락할 수도 있다. 심지어 무료다. 하지만 보통은 이런 개별 연락에 부담 또는 어려움을 느끼는 경우가 빈번하고, 현지 에이전시에서 일자리를 얼마나 보유하고 있는지도 알기 어렵다. 이때 한인 에이전시는 구인을 필요로 하는 일자리를 로컬 에이전시로부터 요청받고 공고를 올린다. 그래서 한인 커뮤니티 사이트에서는 이런 과정을 거쳐 호텔 하우스키퍼 공고가 생겨나는 것이다.

인터넷에서 '한인 에이전시는 무조건 걸러라' 하는 식으로 이야기하는 것을 본 적이 있다. 그러나 막상 상담을 받고 보니 이 회사가 그렇게까지 큰 폭리를 취하는 것 같지는 않아 보였다. 비록 450불의 잡 소개료가 있었지만 내가 생각했던 것보다 높지 않았고, 대신 법정 최저 시급이 보장되는 일자리와 더불어 세 번의 면접 볼 기회를 제공했다. 물론 그와 관련한 여러 노하우 및 예상 질문지를 포함해서 말이다.

계산을 해 봤다. 검트리를 통해 스스로 현지 잡을 계속 알아볼 것인지, 아니면 약간의 비용을 지불하고 조금 빠르게 면접 볼 기회를 가져갈 것인지를 고민했다. 아무리 생각해도 450불을 내고 면접장에 도착하는 열차를 탑승하는 것이 더 나은 선택으로 보였다. 합격만 하면 일은 바로 할 수 있고 450불은 일주일이면 충분히 모을 수 있는 돈이었다. 영어 면접이 난관이긴 했지만 에이전시의 말에 따르면 준비한 내용만 잘 이야기하면 크게 문제가 될 것은 없다고 했다. 물론 '무조건 다 내 힘으로 할 수 있어야 돼!' 같은 어쭙잖은 자존심도 없진 않았다. 그러나 다행히도 내 안의 사고방식은 아직은 허울 좋은 이상보다는 조금 더 현실적으로 세상을 바라보게 해 주었다.

면접 당일이 되었다. 한인 에이전시 사무실에서 가볍게 모의 면접과 당부 사항을 전달 받았다. 그런 다음 장소를 옮겨 로컬 에이전시의 사무실로 들어갔다. 그곳에는 나뿐만 아니라 이탈리아, 프랑스, 호주, 중국, 일본인 등 여러 지원자들이 있었다. 그들과 함께 하우스키퍼 업무에 대한 간단한 직무 설명을 듣고 면접은 시작되었다. 긴장은 했지만 첫 면접만큼 떨리지는 않았다.

"호주에 온 지는 얼마나 되었니?"
"하우스키퍼와 관련된 일을 해 본 적이 있니?"
"고객이 컴플레인을 걸었을 때 대처해 본 경험이 있니?"

다행히 준비한 범위 내에서 질문이 나왔다. 나는 달달 외웠던 답변지를 말하면서 틀리더라도 버벅거리지 않으려고 노력했다. 결과는 합격이었다.

어느 날 문득 이런 생각이 들었다. 만약 똑같은 조건에서 이 공고를 한국에서 봤다면 어땠을까? 아마 지원하는 데 망설였을 것이다. 겨우 3번의 기회로 450불을 날릴 수도 있다는 걱정만 하면서 기회보단 리스크에만 더 신경을 썼을 것 같다. 하지만 호주에서 내가 바라본 세상은 분명 그것과는 달랐다. 기회란 것이 얼마나 소중한 것인지 알았기에, 필요하다면 기꺼이 돈으로 사는 모험을 할 수 있었다. 힘들게 얻은 기회, 그리고 그것을 가질 수만 있다면, 놓칠 것을 걱정하는 게 아니라 쟁취하는 데 전부를 걸어야 한다.

에이전시에서 해 준 말이 떠오른다.

"준비만 잘하면 무조건 합격이니까 큰 걱정은 하지 마세요!"

새벽 3시 퇴근길

호텔 주방의 바닥 미싱을 마무리하고 깨끗하게 변한 주방 곳곳의 사진을 찍어 슈퍼바이저에게 보냈다. 어느덧 시간은 새벽 3시. 퇴근 시각을 이미 한 시간이나 넘긴 뒤였다. 온갖 짜증으로 얼룩진 앞치마를 걸어 두고 나서야 비로소 나는 건물 밖으로 나올 수 있었다.

생각해 보면 일은 참 빨리 구했다. 9월 중순에 호주에 와서 그달 말에 주말 키친핸드 일을 가질 수 있었고, 10월 말부터는 호텔 하우스키퍼로 정식 출근을 하게 됐다. 의도치 않게 또 한 번 투잡 라이프를 이어 가게 됐지만 나쁘지 않은 조건이었기에 금방 받아들였다. 하우스키퍼는 오전 일찍 가서 이른 오후에 퇴근하기 때문에 온전한 여가 시간을 즐기는 것이 가능했다. 저녁 모임이 있으면 언제든지 나갈 수 있고 때로는 맥주 한잔의 여유로움도 가질 수 있다. 세컨 잡인 키친핸드는 주말 오후 4시부터 하는 일이다 보니 한국에서의 투잡과는 달리 충분한 휴식을 취하며 일을 할 수 있다고 생각했다.

얼마 안 가 스스로의 한계를 맞이했을 때 뭔가 잘못됐다는 것을 알았다. 이론상으로는 문제가 없었던 스케줄이 현실과 부딪히면서 크게 어긋났다. 먼저 쉬는 날이 없었다. 주 5일은 하우스키퍼 일을 하고 주말 2일은 키친핸드 일을 하기 때문에 충분한 여유를 만끽하며 휴식을 취할 수 있는 날이 없었다. 하우스키퍼가 오후 일찍 끝나 쉬면서 여가 생활이 가능할 거라는 건 착각이었다.

	월	화	수	목	금	토	일
하우스 키퍼	오전 8시 ~ 오후 2시 → 실제 퇴근 시간은 오후 4~5시						
키친핸드						오후 4시 ~ 새벽 2시	

하우스키퍼는 '시급 + 능력제'이기 때문에 나에게 주어진 방 청소가 끝나야 집에 갈 수 있었다. 그러다 보니 매번 퇴근 시간은 정시보다 두세 시간 늦어졌다. 키친핸드 역시 5성급 호텔 주방의 환경을 최상으로 유지해야 했기에 정시에 끝나는 날이 많지 않았다. 디너 타임이 마무리될 때쯤 몰리는, 상상을 초월하는 노동 강도, 호텔 레스토랑에서 밀려오는 몇백 개의 접시와 각종 조리 기구들은 나의 능력치를 초과하고도 남았다. 결국 일이 주는 고단함에 체력은 바닥을 드러냈다. 여가 시

간은 고사하고 매번 녹초가 되어 집에 돌아왔다. 타지에서 맞는 피곤함은 한국의 그것과는 차원이 다른 감정 소모를 불러 일으켰다. 점점 피폐해져 가는 삶의 질 하락에 나는 무너지고 있었다.

생활 반경을 영어권으로 만들었지만 나는 결코 영어를 활용하지 못했다. 일터에서 고작 몇 마디를 나누는 것이 전부였다. 그곳에서 친구를 만드는 것은 상상할 수도 없었고 지시와 업무를 따라가느라 신경을 곤두세워야 했다. 셰어 하우스의 삶도 마찬가지였다. 서로가 별다른 취미를 공유하지 않았고 그저 각자의 삶대로 살 뿐이었다.

일요일 키친핸드 일을 마친 후 맞는 월요일 새벽에 참 많은 생각이 들었다. 당장 또 다른 곳으로 출근해야 하는 것에 짜증 섞인 한숨이 흘러나왔지만 나를 더욱 괴롭게 만든 것은 내가 설정한 목표가 깨질 수도 있다는 불안감이었다. 영어와 돈을 동시에 가지겠다는 생각이 얼마나 힘든 일인지 이제야 깨닫기 시작했다. 워홀러들은 주에 1,000불을 버는 것으로 만족을 느낀다고 하는데 이유는 그게 고소득의 기준이기 때문이다. 당시 내 소득은 주에 750불 정도였다. 고소득은 아니었지만 적게 버는 편도 아니었다. 점점 욕심이라는 생각이 들었다. 내가 생각했던 것과는 너무나 다른 현실에 초조했다. 생계를 마련해야 한다는 생각에 스스로를 몰아붙였고 타이트한 일정 속에 무엇이 우선순위인지 헷갈렸다. 카페에서 영화 대본 따위나 외우려 하는 내가 초라해 보였다. '그래도 나는 열심히 살고 있어!'라고 외칠 게 아니라 어떻게 하면 영어를 잘 써먹어 볼 수 있을까를 고민해야 하는 것이 아닌가?

2
네까짓 영어!

영어를 대하는 자세

호주에 오면서 줄곧 이놈의 영어에 관한 접근을 어떻게 하는 것이 좋을까 고민했다. 한국에서는 매번 문제만 풀고 올바른 답만 찍어 오는 훈련만 해 왔기에 생활 속에 영어를 정착시키는 방법이 너무 서툴렀다. 필살의 무기인 스크립트를 반복적으로 보는 공부법—100LS, 100번 듣고 말하는 훈련—을 장착했지만 왠지 알 수 없는 의구심은 커져 갔다. 어쩌면 그때부터 영어는 공부가 아닌 언어로 이해했어야 했는지도 모르겠다.

처음 내가 백패커에서 지냈을 때 어떤 한국인 친구를 보았다. 그 친구는 워홀 비자가 끝난 후 학생 비자로 백패커에 머물며 자전거 우버 Uber를 한다고 했다. 그와 직접적으로 친해질 기회가 없어 다른 한국인 친구에게 전해 들은 바에 의하면, 그 친구는 호주에 올 때 영어의 기초도 몰랐다고 한다. 내세울 수 있는 경력이라고는 맥도날드 알바가 전부였지만, 그걸 이용해 호주에서 일을 구했다고 한다. 백패커 안에서 그는 매번 눈이 조금은 풀린 상태에서 껄렁한 자세로 외국인 친구들과 수다를 떨었다. 저녁만 되면 받아먹는 술잔에 매번 얼굴이 달아올랐고, 백패커 내에서는 그를 모르는 사람이 없었다. 그는 소위 말해 '인싸'였다.

"그래도 그놈이 대단한 게, 내가 본 한국 워홀러 중에 영어를 배우기 위해 그 녀석만큼 노력하는 애를 아직까지는 본 적이 없어. 다들 모아놓은 돈을 남친, 여친 만들면서 다 쓰고, 귀국할 때 개털이 되는 애들이 대부분이거든. 걔는 그냥 술 마시면서 외국인과 노는 것으로 자기만의 방식을 찾은 거야."

그를 바라본 한 친구가 그에 대해 내린 평가였다. 그도 처음에는 백패커에 오면서 나처럼 우물쭈물했었다고 한다. 그러다 마음을 다잡고 한 명 한 명 인사를 나눠 결국 안면을 텄고 현재는 그곳에서 가장 오래 머문 사람이 되었다. 10개월을 백패커에서 지내는 동안 그는 스피킹이 놀라울 정도로 발전했다고 했다. 처음부터 영어로 말하기 위한 목적으로 백패커에 머물렀던 것이다. 사실 주거 목적으로는 백패커가 매력적인 장소는 아니다. 셰어 하우스보다 비싸고 시설 면에서는 더 열악했다. 그러나 그는 그곳만의 장점을 극대화하는 데 성공했다. 꾸준히 들어오는 외국인들과 정보를 공유하고 커뮤니티를 형성하면서 언제든지 영어로 대화가 가능한 상태를 만들어 냈다. 나중에 통역사가 되고 싶다는 그의 바람은 분명 실현 가능할 것이라는 생각이 들었다. 그는 나와 달랐다. 영화를 반복적으로 보고 스크립트만 주구장창 따라하는 나와는 영어를 대하는 방향이 분명 달랐다.

'한인 잡만큼은 무조건 피해야지'라는 생각을 했던 때가 있다. 마치 그 일이라도 하게 되면 호주에서 패배자로 낙인찍힐 것 같았다. 그래서 더욱더 치열하게 일상을 영어권으로 만들었는지도 모르겠다. 그런데 지내고 보니 내가 틀렸다는 것을 알았다. 일을 하면서 느꼈던 건, 한인 잡을 하든 로컬잡을 하든 '영어를 즐겨야겠다는 의지'가 가장 중요했다. 단순히 배움을 넘어 즐기는 것을 목적으로 영어를 사용해야 한다는 것이다. 시급이 좋은 현지 일에 호주인들과 같이 사는 셰어 하우스에 지낸다 하더라도 영어를 일상으로 받아들이지 못한다면 우린 그저 단어장이나 외우고 있을 것이다. 반대로 한인 잡을 하면서도 외국인과 어울리려는 시도를 꾸준히 한다면 그 사람은 분명 말이 트일 것이다. 실망할 필요는 없다. 현재 처해 있는 환경보다 더 고려되어야 할 것은 바뀌 나가려 하는 우리의 '자세'다.

분명하고 뚜렷한 목적이 있다면 결국 삶은 그 방향으로 갈 것이다.

나의 미트업_{Meetup} 활용법

한국에서 언어 교환 모임을 몇 차례 해 봤기에, 호주에도 그런 모임이 있는지 알아보던 중 '미트업Meet Up'이란 어플을 알게 됐다. 쉽게 말해 글로벌 버전의 소모임 앱이라고 보면 된다. 나는 주로 언어 교환 모임과 일상을 공유하는 모임에 참석을 했다. 두 개의 모임은 성격이 조금 달랐다. 우선 언어 교환 모임은 외국인 친구가 한국어를 배우고 싶어하는 모임이다. 그래서 모임에는 꼭 한국인 친구가 일부 섞여 있고 외국인의 한국어 열기도 대단해 영어가 익숙지 않아도 크게 부담을 가질 필요가 없다는 장점이 있다. 평생을 영어 한번 정복해 보겠다고 온갖 교육을 다 받았는데, 그곳에서 외국인 친구가 한국어를 배우기 위해 기를 쓰고 있는 모습이 꽤 인상적이었다. 반면 일상을 공유하는 모임은 서로 다른 문화권을 지닌 사람들이 만나서 영어로 수다를 떠는 모임이었다. 국적은 전혀 문제가 되지 않았지만 오직 영어만 사용해야 하니 어느 정도의 영어 실력은 요구됐다.

하루도 거르지 않는 외노자 생활로 인해 모임은 주에 한두 번 참여하는 것으로 만족을 해야 했지만 그럼에도 아주 유익했다. 수첩에서 달달 외웠던 내용을 이곳에서 거침없이 써먹었고, 내가 말한 문장에 외국인이 반응했을 때의 쾌감은 무척이나 짜릿했다. 예를 들어 "집콕했어"라는 표현을 쓸 기회가 생겼다. 나는 'I had to stay at home' 대신 'I was cooped up at home all day'라는 표현을 썼고, 그 말을 외국인이 알아듣고 자기 말을 이어 갔을 때 묘한 뿌듯함이 들었다.

'우와, 이 표현이 진짜 이렇게 쓰이는구나.'

언어 교환 모임에서 영어 이름을 정할 수 있었던 것은 뜻밖의 수확이었다. 이전까지 나는 줄곧 내 성인 'Kwon'으로 불리었고 별다른 영어 이름은 사용하지 않았다. 'Aroana'라는 닉네임으로 불리길 원했지만 이상하게 외국 친구들의 반응은 영 뜨뜻미지근했다.

"이봐, Kwon, 네 영문 이름이 'Aroana'라고?, 그게 무슨 뜻이야?"

"뭐 별다른 뜻은 없고 그냥 닉네임이야. 이걸 내 영문 이름으로 사용하는 거 어떻게 생각해?

"이름이 너무 생소해. 전혀 영어스럽지가 않아. 마치 아기 용—baby dragon이란 표현을 썼던 것 같다—처럼 들려.

그는 'Aroana'를 말하면서 들리는 어감을 우스꽝스런 표정으로 말해 주었다.

"그럼 추천 좀 해 줘 봐. 'Kwon'은 너무 질려. 적당한 영문 이름 하나 지어 줘 봐."

"Dae Ik Kwon이라, Dae Ik, Days, 오 그래 데이브Dave! 그냥 Dave로 해. 사람들이 부르기도 편하고 네 이름하고 왠지 매칭이 잘 되네."

그렇게 내 영문 이름은 데이브가 되었다. 뭔가 창의적인 영어 이름
—외국 랩퍼들의 닉네임 같은—을 만들고 싶었지만 친구는 오히려 부
르는 데 방해가 된다며 최대한 영어스러운 이름을 추천해 주었다. 나
도 이 친구의 한글 이름을 지어 준 것 같은데 기억나지 않는다. '민찬'
이었나?

일상을 공유하는 모임은 난이도는 있었지만 영어 환경을 갖추기에는
최고였다. 모임에 한국인은 나 혼자 밖에 없었고 서로의 국적, 직업, 사
는 곳이 모두 다르다 보니 같은 질문을 해도 대답은 모두 천차만별이
었다. 상대방은 어떻게든 알아들으려고 노력했고 나 역시 표현에 한계
를 느끼면 손짓, 발짓 심지어는 얼굴의 표정까지도 활용했다.

'힐송Hillsong'이라는 교회를 알게 된 것은 내가 미트업을 통해 얻은
가장 큰 소득이었다. 어느 날이었다. 일상 공유 모임을 통해 싱가포르
출신의 외국인과 이야기를 하게 되었고 대화는 우연히 종교에 관한 주
제로 이어졌다. 그때 나는 그 친구가 착실한 기독교인이라는 것을 알
고 공통점을 찾기 위해 어릴 때 잠깐 교회에 다닌 적이 있다는 말로
밑밥을 던졌다. 그러자 친구로부터 성경 공부를 같이 해 보자는 제안
이 들어왔고 나는 흔쾌히 동의를 했다. 그렇게 우린 모임이 끝나면 추
가로 30분에서 한 시간 동안 성경 공부를 하게 되었다. 사실 성경 공
부를 가장해 영어 회화 시간을 늘리는 것이 목적이었다. 비슷한 질문,
똑같은 대답에 질려 했던 나에게 성경 공부는 또 다른 정보를 얻을 수
있는 장이었고 새로운 질문을 해 볼 수 있는 시간이었다. 한번은 친구

로부터 "교회에 가 보지 않을래?"하는 권유가 들어왔다. '힐송'이라는 교회였는데 처음에는 꽤 경계를 했다.

이름도 생소한 교회에 가는 것이 썩 내키지는 않았기 때문이다. 그러나 우연한 계기로 마주한 그 교회 건물에 나는 압도당했다. 한국의 전통적 양식과는 확연히 다른 현대식 건축물에다, 예배하는 곳은 마치 무대 세트장을 연상케 했다. CCM을 부를 때면 사람들이 너도 나도 앞으로 나와 몸을 흔드는 게 매우 신선했다. 그 이후 자발적으로 참여해 CCM을 따라 부르며 시드니에서 느끼던 외로움을 종종 달래곤 했다.

그 밖에도 미트업을 통해 다양한 사람들과 만나 서툴긴 하지만 많은 대화를 나눴다. 영어를 유창하게 하면서도 택배 일을 하고 있는 타이완 친구, 미용사로 일하고 있는 한국인 친구 등을 만나며 그들만의 소소한 호주 이야기를 들을 수 있었다. 또 나에게 한국 여자 좀 소개시켜 달라는 친구도 있었고, 대마초를 권하는 친구도 있었다. 그 친구들, 잘 살고 있는지 모르겠다.

호주 영어 학원에 등록하다

시드니에는 영어 1 대 1 과외가 제법 많다. 비영어권 사람들이 많이 오는 나라다 보니 유학생 또는 현지인 위주로 과외가 성행한다. 쉽사리 커뮤니티 모임에 소속되지 못했던 나는 하우스키퍼 일이 끝나고 오후 시간만 되면 집에 와 혼자 밥을 먹으면서 시간을 죽이는 경우가 많았다. 매주 서로 다른 미트업 모임에 나가는 사람들도 있었지만 이상하게 나는 모임 하나만 나가도 쉽게 피로함을 느꼈다. 꽤 팽팽한 긴장감을 유지한 채 모임에 참석했었기 때문이라고 생각한다. 그래도 영어를 배워 보겠다는 열정 가득했던 나는 시드니의 장점을 믿고 과외를 한번 받아 보기로 마음먹었다.

그곳의 영어 과외 시세는 시간당 30~40불에서 많게는 60불까지 형성돼 있었다. 생각보다 비싼 과외비에 다시 맨땅에 헤딩해야 하나 하는 생각이 들 때쯤 두 시간에 30불이라는 아주 저렴한 금액의 게시 글을 보게 되었다. 선생님의 프로필에는 호주 국적과 몇 년간 그 지역에서 비영어권 학생들을 가르친 경력이 적혀 있었다. 호주 원어민으로부터 받는 영어 과외치고 굉장히 저렴했다. 더군다나 한 번의 무료 수업이 있어 나는 직접 메시지를 보내 참석하기로 했다. 수업은 과외가 아닌, 조그만 학원에서 진행되었다. 서너 개의 테이블에는 나를 포함한 한국인 세 명과 일본인 한 명이 있었고, 우리는 그날 처음 그곳에서 무료 수업을 듣게 되었다. 한 번의 수업을 통해 나는 그곳을 내 아지트로 삼고 싶었다. 회화와 문법을 그곳에서 다듬을 수 있고, 매번 새로운 주제를 고민할 필요가 없었기 때문이다. 커리큘럼에는 매주 목요일마다 프리 토킹을 통해 한 주제에 대해 본인의 생각을 말하는 시간과 문법 수업이 주를 이뤘다. 나는 매주 화, 목요일마다 학원에 가고 수요일에는 미트업 모임에 참여하는 것으로 한 주의 활동을 알차게 계획했다.

30대 중반으로 보이는 선생님은 다행히 한국과 꽤 인연이 있는 분이셨다. 몇 년간 사귄 한국인 여자 친구도 있었고, 한국을 여러 번 방문한 경험이 있다고 했다. 특히 그는 여자 친구 부모님이 영어를 전혀 몰라 애를 먹고 있다는 고민을 수업 도중 종종 토로했다. 스피킹 시간에는 호주와 각 나라의 문화 차이에 대해 자주 이야기했다. 내가 호주의 선진화된 최저임금 체계가 부럽다고 이야기하면 그는 그 최저임금의 어두운 면에 대해 말해 주곤 했다. 이를 테면 호주의 외식 물가는 세계 최고 수준이어서 본인들도 외식을 마음 편히 할 수 없다는 것. 덧붙여 국가가 최저임금을 엄격히 보장하려는 만큼 호주의 인재들이 마음껏 자국 내에서 사업하기 어려운 측면이 있다고 지적했다. 노동시장은 경직돼 있고 최저 생계비로도 충분한 생계 활동이 가능해져 부를 쌓기 위한 창의성이 발휘되기 어렵다는 것이다. 그래서 호주 정부도 젊은 층이 외국, 특히 미국으로 많이 빠져나가는 것에 대해 그들 나름대로의 고민을 하고 있다고 했다.

또 한 번은 방송에 관한 주제로 이야기를 나눴다. 나는 한국 방송에 대해 이야기하며 〈무한도전〉, 〈1박 2일〉 등을 언급했다. 그러면서 호주에서는 어떤 프로그램이 유명하냐고 물어봤는데 그의 대답은 꽤 놀라웠다. 호주에는 유명하다고 할 만한 프로그램이 없다며 자국의 방송 프로그램을 디스한 것이다. 그는 호주가 영어권 국가이기 때문에 자국 내 방송 프로그램이 미국, 영국과 경쟁하지 못하는 것을 아쉬워했다. 방송되는 호주 드라마는 하나같이 따분한 내용만 가득하며 본인 역시 미드를 즐겨 본다는 말을 했다. 이런 대목들은 그동안 호주의 좋은 점만 보며 부러워했던 내게 꽤 신선하게 느껴졌다. 영어가 모국어인 나라들도 그들 내부에는 이런 구조적인 문제점을 지니고 있었다.

한편 학원에서 배운 문법은 솔직히 어렵고 따분했다. 가정법, 혼합 가정법 등은 선생님이 설명하는 게 오히려 더 어려웠고 even though, although 둘 사이의 차이점은 지금도 전혀 구분하지 못한다. 그럼에도 내가 3개월간 꾸준히 다녔던 건, 그냥 영어로 뭔가를 하는 것에 의의를 두었던 게 컸다. 호주에 오고 한 달 반이 지나 찾았던 영어 학원에서 내 프리 토킹 수준은 고작 자기소개만 할 줄 아는 정도였다. 이후 준비되지 않은 질문부터는 "I'm sorry, I can't speak English."만 연발하기 일쑤였다. 그랬던 내가 점차 나아지는 모습을 보이고, 어느덧 표현하려는 내용을 제법 주장할 수 있는 단계까지 이르게 되었다. 그곳은 소규모 학원이라 참여만 하면 영어로 말할 수 있는 기회를 많이 가질 수 있었다. 거기다 문장이 틀리면 즉각 고쳐 주려 하기보다는 수업이 끝난 후에 첨삭을 해 주려는 지도 방식도 마음에 들었다. 덕분에 나는 문장을 만드는 데 자신감을 가지며 수업에 임했다.

영어 학원에서 가장 인상 깊었던 경험. 그건 바로 'can'과 'can't'의 발음에 대해 스스로 연연하지 않게 된 사건이다. 단순히 스쳐 지나갈 수도 있었던 이 일화는 이제 내가 영어를 접하는 데 꽤 깊은 깨달음을 안겨 준 하나의 에피소드로 자리 잡았다. 무슨 말이냐 하면, 그 전까지의 나는 한국에서 미국식 영어를 배울 때 어떻게든 can과 can't의

발음을 리스닝을 통해 구분해 보려 노력했었다. can이 can't로 들리든가, can't가 can으로 들리면 부족한 내 영어 실력을 탓해 왔다. 그런 고민을 선생님에게 토로했다. 그러자 그는 정말 별일이 아니라는 식으로 자신도 구분하기 힘들다고 이야기했다. 왜 미국 사람들은 헷갈리게 can과 can't 발음을 비슷하게 하는지 자기도 모른다면서, 그건 그냥 문장으로 유추하는 게 맞는 것이라는 말을 해 줬다. 그는 문장 속에 'can't'가 나올 때마다 '칸트'라고 계속 힘주어 발음해 줬다.

그 말이 나에게는 어떻게 들렸을까? 나는 이렇게 받아들였다.

'아— 이걸 원어민도 구분해 들을 수 없을 정도면 굳이 내가 이걸 듣겠다고 고집부릴 필요가 없겠구나. 그럼 나는 그냥 '칸트'라고 당당하게 발음해야겠다.'

사실 나는 그동안 can't를 '캔트', '캔트', '칸트' 이 중 어떤 발음으로 해야 되는지 좀처럼 갈피를 잡을 수 없었는데, 선생님의 답은 명답이었다.

"It's just enough as long as people understand your sentence. 'Can' or 'can't? That's not important."

그냥 그 사람이 알아듣게 이야기하면 된단다. 학원에서 내가 얻은 가장 큰 결실은 쫄지 않고 영어로 말할 수 있게 된 '자신감'이었다.

톰_{Tom}으로부터의 초대

톰은 내가 힐송_{Hillsong} 교회를 다니며 알게 된 첫 외국인 친구였다. 첫날 예배를 마치고 멀뚱멀뚱 서 있는 나에게 톰이 먼저 말을 걸어왔다. 서로 간에 통성명을 마친 후 톰은 내가 동갑이라는 것을 확인하고는 격한 반가움을 표시했다. 나는 그곳에 처음 방문한 것이라는 점을 강조하며 대화를 이어 갔다. 물론 표정으로 '어서 빨리 나와 친해지자'는 메시지를 열렬히 보냈다. 그러자 기대했던 반응이 왔다.

"데이브, 우리 오늘 밤에 파티 할 건데 너 시간 되니?"
"그럼, 되지."
"그럼 나랑 같이 갈래? 내가 친구들 소개시켜 줄게. 같이 얘기하자."
"정말? 그래, 같이 가자."

그렇게 나는 톰의 배려로 예배 후 뒤풀이에 참여했다. 그곳에는 나와 비슷한 또래 애들이 삼삼오오 모여 있었고, 나는 가볍게 맥주를 마시며 영어로 이야기하는 친구들의 수다에 자연스레 어울리게 되었다. 파티가 끝나갈 무렵 톰이 내 연락처를 물어봤다. 다음에 교회 갈 때는 자신과 함께하자는 것이다. 매우 반가운 제안이었다. 그렇게 나는 교회에 갈 때면 톰과 함께 영어에 대한 갈증을 마음껏 풀 수 있었다.

어느새 12월이 끝자락으로 향하며 크리스마스를 곧 앞두게 되었다.

시드니에 온 지도 벌써 3개월이나 되었지만 아직 연말에 대한 구체적인 계획을 전혀 세우지 못했다. 그저 이번 크리스마스도 늘 그랬듯 뻔한 빨간 날로만 그쳐질 생각에 아쉬움이 짙어지고 있었다. 그때 갑자기 톰으로부터 메시지가 왔다.

"데이브! 크리스마스에 뭐 할 계획이니?"
"뭐 특별한 계획은 없는데?"
"그래? 그럼 그날 우리 집에 놀러 올래? 우리 동생도 오는데 같이 밥이나 먹자."
"오! 진짜? 고마워. 꼭 갈게."
"천만에. 그럼 주소 보내 줄게. 그때 보자."
"응, 알았어."

처음으로 외국인 친구의 집에 초대를 받은 순간이었다. 그것도 한 해의 가장 뜻깊고 특별한 크리스마스라는 날에 말이다. 빨리 이 사실을 가족에게 자랑하고 싶었다. 호주에서 잘 지내고 외국인 친구에게 초대를 받을 정도로 잘나간다는 것을 보여 주고 싶었다.

메시지를 받은 후부터 톰의 집에 놀러 가는 날까지, 살면서 영어 공부를 가장 열심히 했던 것 같다. 그날을 위해 수첩에 있는 영어 회화를 수차례 닳도록 외우고 영화 속 영어 문장도 열심히 따라 했다.

당일이 되었고 버스에 올라탄 나와 내 머릿속은 온통 영어로 가득

찼다. 톰의 가족이 던질 법한 질문에 대한 답변을 속으로 만들고 있는 사이 버스는 집 근처에 다다랐다.

'대익아. 아니 데이브야. 이제 진짜 실전이구나. 잘하고 오자! 파이팅!'

집에 들어갈 때 심장이 터질 정도로 긴장을 했다. 늘 그렇듯 '처음'이 주는 낯설음에 나는 익숙하지 않기 때문이다. 이제는 못 알아듣는다고 사전을 찾을 수도 없었고 영어를 잘 못한다는 핑계도 통하지 않는다. 꼼짝없이 밥을 먹으며 마주하는 모든 상황을 온전히 감당해야 했다. 초대를 받았으니 예의를 갖춰야 한다는 부담감도 있었다. 못 알아들을 때 "Sorry"라고 해야 하는지, "Pardon"이라고 해야 하는지 고민될 정도로, 입구 앞까지 내 모습은 떨림 그 자체였다.

"안녕. 네가 데이브구나! 만나서 반가워."
"안녕하세요. 처음 뵙겠습니다. 톰의 친구 데이브입니다."

(그때 나는 긴장한 나머지 'Hello, my name is Dave. I'm a Tom's friend. No no, I'm a friend of Tom. Nice to meet you, too.' 이렇게 말을 버벅거렸던 것 같다. 지금 생각하면 참 아무것도 아닌 평범한 대화문이었는데⋯. 다행히도 톰의 어머니는 내 말의 의도를 잘 이해해 주셨다.)

첫 몇 마디를 주고받으면서부터 마음이 조금씩 차분해지기 시작했다. 온화함으로 꾸며진 집의 분위기가 나를 반겼고, 따뜻하게 건네주신 차 덕분에 긴장은 이내 가라앉았다. 그날 모임에는 톰의 가족과 주변 지인들도 올 예정이었다. 하나둘씩 사람들이 모이자 나는 반갑게 인사를 나누며 다 같이 이른 저녁을 먹기 시작했다.

호주식 진수성찬은 확실히 한국과는 달랐다. 닭고기와 양고기, 감자 등 전통적인 서양식 요리들이 많이 나왔다. 고기들은 생각보다 질기지 않았고 느끼하지도 않았다. 그중에 나는 미트볼처럼 생긴 닭고기를 참 맛있게 먹었다.

"호주 현지 음식은 어떠니? 입에 맞니?"

"네. 너무 맛있는데요. 특히 이 고기(미트볼을 가리키며)의 식감이 너무 부드러워요. 어머니 음식 솜씨가 정말 훌륭하세요."

"여기 음식하고 한국 음식하고 비교하면 어때?"

"한국에서는 빵보다는 밥을 주식으로 해서 먹어요. 그리고 대개 식탁에는 밥과 국이 기본으로 놓이게 되고, 한 개의 메인 반찬과 두세 개 이상의 밑반찬들을 같이 놓고 식사를 하는 게 보통이에요."

톰의 어머니는 가족 간의 대화를 하다가도 내가 소외당하지 않도록 중간중간 질문을 해 주셨다. 푸짐한 만찬 속에서도 양쪽 귀는 최대한 열어 놓은 채 들려오는 데이터를 해석해야 했다. 나는 어디가서 꼭 밥과 국을 먹어야 하는 찐 한국인이었지만 그걸 까맣게 잊은 걸 보면 역시 사람은 적응의 동물인가 싶다. 음료로는 커피를 선택했다. 맥주를 권유받기도 했으나 긴장 완화에는 뜨끈뜨끈한 커피가 최고였다.

이후에 우린 아이스크림 디저트를 먹으며 거실에서 쉬고 있었다. 그때 톰의 이모가 갑자기 힐송Hillsong의 콘서트 실황을 나에게 보여 주고 싶다며 TV에 DVD를 연결했다. 곧이어 성대한 사운드의 힐송 버전 CCM이 나왔는데, 그것은 내 가슴에도 웅장한 흥분감을 안겨 주었다.

"나는 이 노래를 들을 때마다 매번 소름이 돋아. 참, 한국에도 힐송 같은 교회가 있니?"

"아니요. 저는 이런 류의 교회를 호주에서 처음 봤어요. 대단하던데요? 특히 단순히 기도만 하는 게 아니라 춤추면서 다 같이 노래를 부르는 모습이 되게 인상적이었어요. 물론 CCM도 너무 훌륭하고요."

준비했던 만찬을 모두 마치고는 소화도 시킬 겸 가볍게 성경 공부를 했다. 성경 구절을 읽고 각자의 생각을 말하는 시간이었다. 내용 중 어려운 부분이 나오면 톰이 다시 알기 쉽게 설명해 주었고, 나 또한 그들의 요점을 파악하는 데 온 신경을 기울였다. 그렇게 영어도 늘고 눈치도 늘었다.

파티는 오후 9시가 다 되어서 끝이 났다. 일곱 시간 동안 현지 문화를 실감 나게 체험한 날이었다. 톰의 동생이 차로 바래다주겠다고 해 마무리까지 완벽한 하루였다. 추억을 한가득 싣고 집에 도착한 순간, 갑자기 피곤함이 미친 듯이 몰려왔다. 하하. 역시 긴장을 안 하려야 안

할 수는 없었나 보다. 비록 네 명이서 쓰는 작은 방이었지만 그래도 내 공간에 왔다는 사실에 긴장이 눈 녹듯 사그라졌다. 모처럼 깊은 잠을 청할 수 있는 밤이었다.

몰몬교 사람과 친해지기

키친핸드 일을 그만두었다. 영어 공부를 위해서라면 발에 불이 나도 록 돌아다녔지만 늘어나는 건 실력이 아닌 켜켜이 쌓인 피곤함이었다. 소득의 3분의 1이 사라지는 것이 아쉬웠지만 어쩔 수 없는 선택이었 다. 영어 실력을 늘리기 위해서라면 어떻게든 나만의 커뮤니티를 만들 어야 했고, 그러자면 교회나 모임 등에 꾸준히 얼굴을 비춰야만 했다. 그러던 어느 날 우연히 길을 걷던 중 제복을 입은 사람들이 나에게 말 을 걸어왔다.

"안녕하세요. 저희는 선교 활동을 위해 온 학생들인데요. 혹시 잠깐 시간 괜찮으세요?"
"네, 어떤 것 때문에 그러시죠?"

그들은 자신들을 몰몬교 선교사라고 소개하면서, 성경 공부 모임을 하고 있다고 말했다. 우리는 간단한 통성명을 했다. 갑작스런 대화에 놀라긴 했지만 사실 속으로는 반가웠다. 매번 다가가야 했던 것에 지친 나머지 누군가 먼저 말을 걸어 준 것만으로도 기뻤다.

"저희가 성경 공부 모임을 운영하는데 혹시 참여해 볼 의향이 있으신가요? 성경 모임뿐만 아니라 매주 영어 수업도 진행하고 친목 활동도 따로 진행하고 있어 아마 친구 사귀기에도 유리할 거예요."

"아, 그래요? 그럼 한번 생각해 볼게요.

예기치 못한 제안이었다. 그러나 나는 곧 약간의 거부감이 들어 시간이 필요하다고 말했다. 힐송Hillsong 때와는 달리 이번에는 말 그대로 낯선 사람과의 동행이었기에 상황을 좀 판단할 필요가 있었기 때문이다. 그럼에도 연락처는 넘겨줬다. 애초에 모임을 통제할 수 있는 상황이라면 종교에 대해서는 그렇게까지 민감하게 굴지 않으려 했다. 이후 집에 와서 이들의 종교를 검색해 보니 컨트롤할 수 있을 것 같다는 생각이 들었다. 나는 곧바로 모임에 참석하겠다는 뜻을 내비쳤고 그렇게 또 다른 모험에 뛰어들었다.

호주에서 내가 정말로 필요로 했던, 나에게 더 급했던 것은, 성경 공부를 하든 어떠한 모임을 갖든 영어로 말할 수 있는 '기회'를 갖는 것 그 자체였다. 사실 이러한 생각이 타인의 시선에서는 이상하게 보일 수도 있겠다. 왜 그렇게까지 내가 기회에 집착을 보였는지···. 분명 호주이고 영어권 나라다 보니 기회가 도처에 널려 있을 수 있다는 생각을 가질 수도 있다. 그런데 막상 오게 되면 영어를 쓸 수는 있어도 영어를 써야 하는 상황까지 만들어 내는 것은 대단히 능동적인 행동이라는 것을 느낄 것이다. 그리고 나는 이러한 환경을 구축하는 것이 정말이지 매우 힘든 일임을 깨달았다. 여기에 본인이 가진 성격—클럽에서 어울리지 못했던—을 고려한다면 주어진 선택지를 활용하는 것도 결국엔 '능력'이라는 것을 알게 될 것이다. 내 경우엔 다양한 모임도 해 봤고 외국인들과 같이 일을 하는데도 그들과 친구가 되어 가깝게 지내는 것이 생각보다 무척 힘들었다. 영어로 말을 건네면 다양한 대화가 가능할 줄 알았건만 뻔한 이야기와 반복되는 에피소드, 흔한 통성명에 표현의 폭은 점점 좁아지기만 했다. 다시 말해 나는 아직 대화를 이끌어 갈 정도의 실력은 아니었던 셈이다. 한편 몰몬교 사람과 함께 한 성경 공부는 분명 내가 알던 기존의 내용과는 조금 달랐는데, 그럼에도 나는 큰 거부감을 가지지 않고 꾸준히 참여했다. 그들은 선교사이다 보니 해당 교리를 설득시키려는 노력은 하되 강요하지는 않았다. 오히려 새로운 관점으로 해석될 수 있다는 사실에 가끔은 호기심도 가졌다. 나는 그들과의 모임을 곧 주 2회로 늘렸는데, 이유는 바로 매주 금요일에 열리는 'Fun day'에 참여하기 위해서였다. 특별할 것 없는 모임이지만 그래도 그날은 많은 몰몬교 친구들을 만나는 날이었다. 함께 카드, 젠가, 보드 게임 등을 통해 좀 더 친해질 수 있었고 예배에도 참석하는 등 '영어로 들을 수 있는 상황'을 만들기 위해 꽤나 고군분투했다.

기억에 남는 순간은 내가 첫 예배에 갔을 때다. 몰몬교는 누군가 예배에 처음 참석하게 되면 반드시 자기소개를 해야 하는 문화(?)가 있다. 나는 100명 정도 되는 사람들 앞에 서서 영어로 내가 하는 일, 호주에 온 이유 등 자기소개를 했다. 그렇게 많은 사람들의 시선을 한 몸에 받아 보기는 그때가 처음이었다. 이후 나는 선교사 친구 옆에 찰싹 달라붙어 모르는 단어가 나올 때마다 뜻을 물어보는 등—귀찮아 하는 표정을 애써 무시해 가며—적극적인 태도를 보였다. 시간이 지나고 친구는 어느 날 나에게 이런 말을 해 주었다.

"Hey, Dave, Your English skill is getting better than before. Courage, That's big strength you've got!"

(데이브! 너 영어 실력이 전보다 훨씬 많이 좋아지고 있어! 자신감이 네가 가진 가장 큰 장점이야!)

그리고 이러한 노력 끝에 나는 결국 호주에서 베스트 프렌드를 만들어 냈다.

소울Soul 친구

우연히 몰몬교 교회 안에서 한국어에 관심이 있는 친구를 만나게 되었다. 그 친구의 이름은 로란조Roranjo였고 필리핀계 호주 이민자였다.

처음에는 그저 가벼운 통성명과 연락처만 주고받았을 뿐 친해질 기회는 갖지 못했다. 같이 성경 공부를 하는 사이도 아니었고 Fun day에서도 어쩌다 마주칠 뿐이었다. 그러다 정말 우연히 그 친구와 내가 가까워지는 사건이 있었다. 지금 생각해 보면 이것이 그 '기회'란 놈이었던 것 같다.

아무런 약속도 없던 날, 나는 영어 스크립트를 가지고 바람을 쐬러 달링 하버에 갔다. 영화 대본이라도 중얼거리면서 또 자기 최면이라도 걸어 볼 요량이었던 셈이다. 공허감도 들고 울적한 마음도 있었지만 내 안에는 그 이상으로 영어를 잘하고 싶다는 간절함이 가득했다. 정말 영어를 위해서라면 지푸라기라도 잡고 싶은 마음뿐이었다. 한 시간쯤 대본을 봤을까? 눈이 지친 나는 휴식을 취할 겸 사람들이 지나다니는 것을 구경했다. 그러다 문득 한국어에 관심이 있다던 친구를 떠올리게 되었고 혹시나 하는 마음에 안부 메시지를 보내 봤다. 그런데 얼마 안 있어 그 친구로부터 답장이 왔다. 나는 어디냐고 물어봤고, 그 친구도 달링 하버에 있다고 해서 우린 운명처럼 만났다.

나보다 한 살이 어린 로란조와는 서로 통하는 게 많았다. 이 친구의 한국 사랑은 대단해서, 내가 영어를 배우고자 했던 만큼 열정이 넘쳤다. 서로의 목적이 뚜렷하니 우리는 금세 친해질 수 있었다. 로란조는 한국인 친구를 곁에 두고 싶어 했고 나 역시 허심탄회하게 이야기를 나눌 친구가 필요했다. 다행인 건, 그 무렵 나는 영어로 기본적인 의사소통을 할 수 있었다. 그 친구가 말하는 대부분을 알아들 수 있었고 내 생각을 어느 정도 로란조에게 전달할 수 있었다. 그 친구와 이날 나눴던 세 시간의 대화는 나에게 무척 특별한 경험이었다. 우선 세 시간 내내 쉬지 않고 영어로 이야기를 해 본 것이 처음이었다. 영어 공부로 따지면 세 시간을 한 것이나 다름없었고 이는 영화 대본 따위와 비교조차 되지 않는 성취감을 안겨 주었다. 무엇보다 최고의 선물을 이 친구로부터 얻을 수 있었다. 그건 바로 '말이 트이는 경험'이었다.

아! 이게 바로 말이 트였다는 느낌이구나!

우연한 계기로 절친이 된 로란조와 나는 일주일에 서너 번은 만났다. 영어를 잘하려면 외국인 여자 친구를 사귀어야 한다는데, 그럴 능력이 없는 나로서는 대신 남자인 친구를 베스트 프렌드로 만들었다. 둘이서 밥을 먹고 노래방을 가고 거리를 거닐면서 쉴 새 없이 이야기를 주고받았다. 서로의 안부는 물론이거니와 다양한 주제에 대한 서로의 생각을 주고받으면서 대화 시간은 매번 길어졌다. 비로소 영어가 편해진 나를 발견했다. 그렇다! 드디어 나도 말이 트였다는 게 어떤 것인지를 경험해 버렸다.

우선 이 친구를 만나기 전과 후를 잠깐 비교하자면. 그 전의 나는 말할 때 '주어 + 동사'를 항상 의식해야만 했다. 가끔씩 튀어나왔던 문장은 모두 회화 책 또는 영화 대사에서 나온 것이었고, 문장을 만듦에 있어선 한글에서 영어로 생각할 시간이 필요했다. 하지만 로란조와 대화를 주고받으면서 부터는 내 문장이 때로는 어색하기도 했지만 가끔은 그럴싸해지면서 점차 형태를 갖추게 되었다. 마치 탁구를 치듯 이어지는 대화 속에서 그동안 의식해야 했던 '주어 + 동사'가 이젠 나도 모르게 자연스럽게 입에 붙기 시작한 것이다. 발음은 여전히 어색할지 몰라도 생각하는 것에선 아주 다른 차이를 가져왔다. '주어 + 동사'를 의식하느냐, 의식하지 않느냐. 스피킹에선 이를 습관화하는 것이 무엇보다 중요했다. 또한 이전에는 대화를 주고받을 때 잘 듣기 위해 노력했었다. 마치 듣기 평가를 하듯 영어로 들어오는 정보를 뇌에서 한글화하는 작업이 필요했다. 그러나 이제는 그런 과정이 점차 사라지게 되었다. 영어로 들어오는 정보가 내 머릿속에 저장되면서 그대로 받아들이게 되었다.

'얘는 이런 상황에서는 이런 표현을 쓰는구나!'

'이런 문장을 사용할 때는 이런 문법을 구사하는구나!'

즉 과거에는 듣기에 급급한, 해석에만 초점이 맞춰진 대화였다면 이제는 그 친구가 말하는 문장을 살피는 여유를 가지게 된 것이다. 물론 말이 트였다고 내 영어가 세련되어진 것은 아니다. 여전히 안 들리는 문장과 표현에 한계를 느끼는 경우도 많았다. 하지만 말이 트였다는 건 내 표현이 어떻게든 상대방에게 전달될 수 있다는 것을 의미했다. 가장 큰 변화로는 'I'm sorry I can't speak in English well'에서 'Do you understand?' 또는 'I mean that 주어 + 동사'가 될 수 있겠다. 상대방에게 내가 자주 쓰는 표현이 바뀌었다.

말이 트였던 순간은 어순의 변화가 곧 뇌를 거치지 않고 바로 입 밖으로 나오게 된 것을 인지한 때였던 것 같다. 예를 들면 관계대명사 'That' 다음에 '주어 + 동사'라고 이야기를 한다면 지금 나는 'That + 내가 하고 싶은 말'로 정의를 해버린다. 하고 싶은 말 자체가 주어 + 동사 순으로 갈 테니까 군이 주어 + 동사로 외우는 게 아닌 '하고 싶은 말'이 되어 버린 것이다. 말이 트였다는 건 그런 느낌이다. 그리고 이렇게 문장의 어순에만 익숙해져도 외국인은 내가 말하는 바를 짐작할 수 있게 된다.

영어를 자신 있게 사용할 수 있게 된 건, 어쩌면 내가 영어 공부 목적을 '유창성fluency' 보단 '의사소통communication'에 둔 덕분인지도 모르겠다.

농장과 공장

새해가 지나고 1월로 넘어오면서 슬슬 세컨 비자를 알아보는 시기가 되었다. 세컨 비자는 호주에서 1년—총 2년, 현재는 써드 비자로 연장돼 3년까지 가능—을 더 연장하기 위해 필요한 비자인데, 그걸 취득하기 위해서는 정부가 지정해 준 산업에서 일을 해야 한다. 정부가 선정한 산업들은 건축, 농업, 육가공업 등 일손이 부족한 곳이 대부분이다.

관련 경력을 채우기 위해서는 해당 산업이 있는 지역—보통은 시골이다—으로 가야 하며 최소 3~4개월의 정착 기간이 요구된다.

하우스키퍼로 일한 지 벌써 4개월 차에 접어들었다. 나에게 청소 노하우를 친절히 알려 주던 호주 친구는 이미 온데간데없이 사라졌고, 정신 차려 보니 어느덧 나도 누군가에게 객실 청소를 알려 줄 수 있는 경력까지 올라갔다. 그간 함께해 온 동료로는 우리 엄마보다 나이가 많을 것으로 추정되는 이탈리아계 할머니가 있었고, 엄청난 청소 실력을 자랑하고 또 늘 웃었던, 호주 사람과의 결혼을 꿈꾸고 있는 일본인 친구가 있었다. 호텔 하우스키퍼 최고참으로 매니저 자리를 노리고 있는 중국계 친구도 있었고, 굉장한 근육질에 얼굴은 말술 상이지만 의외로 술을 못 마신다는 러시아 형님도 계셨다. 모두 다 본인이 할당받은 방 청소를 끝내면 나를 도와주었던 고마운 사람들이다. 한국인 동료와도 아주 잠깐 일한 적이 있었다. 처음에 매니저로부터 한국 여자가 온다는 말을 듣고 들뜬 마음을 감추지 못했다. 타지에서 서로 고생하면서 친해지길 기대했건만, 벅찬 노동 강도가 우리를 가만히 놔두지 않았다. 지금은 얼굴도 기억나지 않는다. 뭐, 그냥 좀 많이 아쉬웠다 (웅?).

세컨 비자를 고려하면서 어떤 일이 나에게 맞을지는 크게 고민하지 않았다. 다만 정해진 급여와 안전한 비자 획득을 위해서는 농장보다는 공장이 낫겠다는 생각을 했다. 둘 다 각각의 장단점은 있다. 농장의 경우 소위 말하는 능력제 시스템이라 일한 만큼 벌어 가는 구조다. 열심히 작업하고 일머리가 있으면 꽤 짭짤한 수입을 거둘 수 있다. 또한 같은 목적을 위해 오는 외국인 친구들이 많다. 이들은 보통 백패커에서 한데 어울려 살기 때문에 친해지면 영어를 쓸 기회를 쉽게 얻을 수 있다. 일도 하면서 저녁에는 파티도 즐기는 삶이 농장에선 가능할 수 있다. 반면 일하는 날이 규칙적이지 않다 보니 받는 급여가 불안할 수 있다. 주로 밖에 나가 작물을 캐기 때문에 날씨의 영향을 많이 받아서다. 그러다 보면 세컨 비자 일수—나 때는 88일이었다—를 확보하는 데도 어려움을 겪게 되고, 정착해야 하는 기간이 한없이 늘어날 수 있다는 단점이 있다. 반대로 공장은 안정적인 급여와 세컨 비자 일수를 획득할 수 있기 때문에 앞으로의 계획을 세울 때 유리하다. 그러나 공장의 유형과 보직에 따라 일이 힘들 수도 있고, 한인 셰어 하우스에서 지내게 될 확률 또한 대단히 높다는 점도 명심해야 한다. 그들과 함께 살면 영어를 사용할 일이 줄게 되고, 그러면 처음 워홀을 왔던 목적과는 달리 돈만 벌어 가는 자신을 보게 될 수도 있다.

비교	공장	농장
비자 획득 기간 / 안정성	88일 / 안정	88일 / 날씨에 민감
노동 안전성(꾸준한지)	대체로 안정	불안정
최저 시급 및 급여 안정성	대체로 지급 / 안정	농장 업주마다 다름 / 작물 수확기에 따라 다름
업무 강도	보직마다 다름 / 대체로 힘듦	보직마다 다름 / 본인 하기 나름
주거 형태	한인 셰어 하우스에서 지낼 확률이 높음	외국인들과 같이 지낼 확률이 높음

리빙 라이프	따분함	다이나믹함
차 소지 유리 여부	있으면 무조건 유리함	
기타	해당 조건은 경험상 60~70퍼센트의 정확도 밖에 안 된다. 즉 변수도 30~40퍼센트가 될 만큼 다양하다. 그러니 참고만 하되 본인 하기 나름이라는 것을 절대 잊지 말자!	

어떤 것이 나은 결정인지는 알 수 없다. 이건 농장과 공장의 대략적인 특징일 뿐 실제 경험에서는 매우 다양한 변수들이 존재한다. 공장에 가서 외국인 친구들을 만날 수도 있는 거고, 농장도 능력제가 아닌 시급제로 주는 곳이 많다. 때론 날씨의 영향을 많이 받지 않는 업무에 배치될 수도 있다. 쉽게 말해 운이 30~40퍼센트를 차지한다는 의미다. 그렇기에 대부분의 워홀러들은 이 시기를 기점으로 차를 구입한다. 3~6개월의 기간 동안 모은 자금을 가지고 차를 구입한다면 선택지가 매우 넓어질 수 있기 때문이다. 본인이 직접 공장이나 농장에 연락할 수도 있고 집을 구하는 것도 훨씬 쉽다. 나는 한국에서 장롱면허였던지라 처음부터 에이전시를 통해 일자리를 소개받기로 마음먹었다. 그렇게 매일 좀비처럼 구겨진 얼굴을 스크린에 처박아 놓고 하릴없이 구경만 하고 있던 어느 날이었다. 마침내 나 같은 놈에게도 운이 찾아왔다.

시급 26불의 잡이란

"뭐라고? 한 시간 시급이 26불이라고?"

디시위셔dish washer
하루 여덟 시간, 시급 26불, 세컨 가능

워홀러에게, 그것도 영어가 익숙지 않은 한국인 워홀러에게 26불의 시급을 챙겨 준다는 것은 꽤나 파격적인 조건이었다. 더군다나 여기에 세컨 비자까지 가능한 직종이라니…. 흥분을 가라앉히며 차분히 이것이 과연 타당한 정보인지 알아보기 시작했다. 이런 꿀 정보가 한국인 커뮤니티 사이트에 대놓고 올라올 리도 없었으며 호주에서는 워낙 세컨 비자를 미끼로 장난을 치는 곳들이 많기 때문이다. 잘못된 결정 하나에 내 워홀 인생 전체가 나락으로 빠질 수 있다는 점은 늘 염두에 두어야 한다. 특히나 이처럼 시급으로 유혹하는 것은 더욱더 조심해야 한다. 나는 체크해야 할 사항을 메모한 다음 해당 구인 글을 올린 곳에 전화를 걸었다.

"안녕하세요. ○○ 사이트 보고 전화드렸는데요. 혹시 지금도 사람 뽑나요?"

"네. 혹시 지역은 어디시고 나이는 어떻게 되세요?"

"나이는 스물아홉 살이고 현재 사는 곳은 시드니입니다."

"여기는 맥카이Mackay라는 소도시인데 시드니라면 비행기를 두 번은 타야 될 거예요. 브리즈번에서 한 번 갈아타서 맥카이로 와야 되거든요. 괜찮으시겠어요?"

"네 그건 괜찮을 것 같아요. 저 그런데 시급이 26불이면 공장에서도 많이 주는 편인데, 어떻게 그렇게 된 거죠? 정말 그냥 궁금해서 물어보는 거예요."

"저희는 에이전시가 아니고 그냥 워홀러라 사람 모집에 관해 수수료를 받지는 않아요. 다만 저희가 셰어 하우스를 운영하고 있어서 여기서 살게 되는 조건으로 일자리를 소개시켜 드리는 겁니다."

"아— 그래서 시급이 그렇게 센 거였구나. 하는 일은 대략 어떻게 되고 그럼 거기 셰어비는 어느 정도 되나요?"

"여긴 소고기 공장이고요. 저희는 야간 클리너로 일을 해요. 그리고 셰어는 2인 1실이고 주 120불입니다. 디포짓deposit(보증금)은 2주치인 240불이고요. 관리인 같은 개념은 따로 없어서 모르는 내용은 저희에게 물어보시면 됩니다."

"그럼 혹시 출퇴근은 어떻게 해요? 제가 차가 없어서요."

"저희가 차가 있어서 픽업을 해 줄 거예요. 대신 픽업비는 하루 5불입니다."

"알겠습니다. 그런데 확실히 자리가 있긴 한 건가요? 이게 지역 이동이다 보니 저 나름대로 큰 결정을 하게 되는 상황이라 한 번 더 확인해 보려고요."

"네, 자리는 확실히 있고요. 대신 빨리 오셔야 돼요. 저희가 이제 곧 셧다운Shut Down(공장에서 갖는 자체 휴식기)을 맞이해서요. 회사에서 이 시점에 들어오는 인원을 순차적으로 뽑고 있습니다. 지원하실 때 먼저 비행기 티켓을 보내 주세요. 그래야 가능합니다."

"저 그러면 사실 제가 아직은 여기서 일하고 있어서… 어플라이apply(구직 신청)는 바로 할게요. 그런데 맥카이 도착하는 시점은 조금 늦어질 수도 있는데…. 일하는 곳에 2주 노티스notice를 내놓은 상태인지라 그 뒤에나 가능할 것 같습니다.

"안 돼요! 적어도 다음 주 토요일까지는 와야 합니다. 왜냐하면 월요일에 인터뷰가 있을 예정이거든요."

"아 난감하네. 그러면 제가 다시 호텔에 이야기해서 1~2일 안으로 연락을 드리겠습니다."

정보 자체는 확실히 믿을 만하다고 판단했다. 보아하니 그들은 직업 소개료를 받지 않는 대신 셰어 하우스 운영을 통해 자신들의 부업을 꾸리는 것—사실 한국의 워홀러들은 이미 이런 형태의 렌트를 많이 한다—같았다. 그들이 뭐가 아쉬워서 나 같은 사람을 도와주겠나? 모든 것엔 '기브 앤 테이크'가 있기 마련이다. 그걸 감안하고 받아들일 수 있는 수준이라면 만족해야 한다.

　다음 날 나는 최대한 예의 바르고 진실된 스크립트를 준비해 매니저에게 갔다. 이미 제출한 2주 노티스를 일주일로 변경하기 위해서다. 차분히 내 상황을 이야기하니, 처음엔 당황하던 매니저도 이내 내 사정을 이해해 주었다. 나는 남은 기간 동안 최선을 다하겠으며 마지막까지 유종의 미를 거두기 위해 노력하겠다고 했다. 셰어 하우스 매니저에게도 내 사정을 이야기하고 갑작스럽게 떠나는 것에 대한 미안함을 표현했다. 나는 2주 노티스를 지키지 않은 대가로 기존에 냈던 보증금을 받지 않겠다고 말했다. 그러나 매니저는 착했다. 자신도 지금 바로 사람을 구해야 하니 기간 안에 구하게 되면 보증금 일체를 돌려주겠다고 한 것이다. 만약 구하지 못하면 지냈던 기간만큼을 보증금에서 차감한 후 지급하겠다고 했다. 이로써 걱정했던 문제가 순조롭게 잘 풀렸다. 호주에서는 2주 노티스 문화가 제법 엄격히 지켜지는 에티켓이라 걱정이 많았는데 그래도 내가 인복이 있었던지 매니저들은 내 상황을 잘 받아 주었다. 다시 한번 구인 글을 올린 곳에 연락해 지원 의사를 밝혔다. 그리고 예약한 비행기 티켓을 보내 주었다.

　갑작스런 스케줄로 시드니를 떠나게 되어 그 도시에 아무런 인사를 하지 못했다. 무엇보다 아쉬운 건 로란조와의 작별이었다. 말이 트인 경험을 한 지 겨우 한 달이 채 지나지 않아 떠나야 했던 것이다. 맥카이로 가는 마지막 날, 로란조와 나는 달링 하버를 걸으며 다가오는 이별을 아쉬워했다. 전화로라도 안부를 묻자는 말과 함께, 좋은 일이 있으면 서로 축하해 주자는 약속을 했다. 나는 세컨 비자를 따면 꼭 시드니로 다시 오겠다는 말을 남겼다. 그렇게 브리즈번으로 향하는 비행기에 몸을 실었고 한 번의 경유를 거쳐 맥카이에 도착했다. 워홀 인생의 2막이 시작되는 순간이었다.

III

맥카이,
시골 생활

1
보스윅Bothwick 소고기 공장

한국인 커뮤니티

한국인 친구들은 생각보다 친절했다. 맥카이에서 한국 사람을 볼 수 있는 곳이라고는 여기밖에 없다는 생각에서인지, 서로가 서로에게 의지하는 모습이 눈에 띄었다. 셰어 하우스를 운영하는 친구는 둘이었고 집에는 총 여덟 명이 살게 되었다. 기존에 일하고 있던 친구 세 명과 나를 포함해 앞으로 일하게 될 친구 네 명, 그리고 그다음 날 한 명이 더 올 예정이었다. 내가 도착한 그날 우리는 단출한 파티를 했다. 매니저 친구가 사 온 맥주와 안주를 먹으며 나는 내가 다닐 공장의 정보를 하나씩 얻어 갔다.

우리가 일하게 될 공장은 보스윅Bothwick이라는 소고기 공장이었다. 면접은 앞으로 3~4일 안에 있을 예정이며 월요일에 면접에 관한 연락이 온다고 이야기해 주었다. 혹시나 떨어지게 되면 어떻게 되냐는 질문에 매니저는 지금껏 수십 명을 데려왔지만 떨어진 사람은 한 명밖에 없다고 했다. 그러면서 우리 모두는 아마 전원 합격할 것이라며 안도 감을 심어 줬다.

확실히 세컨 비자가 목적인 친구들이어서 다들 호주 생활에 어느 정도 적응한 것 같아 보였다. 영어 인터뷰에 대한 궁금증은 거의 없었고 영어 부담감 또한 커 보이지 않았다. 물론 나 역시 마찬가지였다. 4개월 동안 영어를 사용하며 생활했기에 말은 좀 버벅거려도 내 의견을 어느 정도 피력하는 건 가능했다.

어느덧 면접 날짜가 잡히게 되었고 당일에 부매니저는 우리를 공장으로 데려다줬다. 면접은 1 대 1로 이뤄졌고 내용은 특별할 것이 없었다. 사실 뻔한 질문의 연속이었다. 비자 문제, 얼마나 일할 것이냐, 비슷한 일을 해 봤냐는 질문은 단골이기에 이제는 따로 스크립트를 만들 필요가 없었다. 나는 그냥 있는 그대로, 내가 하고 싶은 이야기를 했다. 이 외에도 추가적인 질문이 더 있었는데 그건 면접이라기보다는 그냥 일상 대화에 가까웠다. 맥카이를 어떻게 알게 되었는지, 한국에서는 무슨 일을 했는지, 워킹 홀리데이의 목적이 무엇이었는지 등의 질문은 떨어뜨릴 목적보다는 인사 담당자의 순수한 호기심에서 나온 게 느껴졌다. 다행히 나를 포함 다섯 명은 모두 그 자리에서 합격 소식을 들었다. 그렇게 기분 좋은 찰나 갑자기 누군가 몰래카메라를 제안했다. 한 명이 떨어지는 것으로 연기해 밖에서 기다리는 부매니저를 놀래 주자는 계획이었다. 우리가 침울한 표정을 지으며 차에 타자 매니저의 안색도 덩달아 어두워졌다. 전날에도 무조건 합격할 수 있을 것이라며 우리를 북돋아 주었던 부매니저였다. 우리보다 더 슬픈 표정을 지어 보이며 깊은 걱정을 하는 모습에 장난은 싱겁게 끝이 났다. 그리고 그날 밤 우리는 파티를 하며 전원 합격의 축하를 만끽했다.

본격적인 3주간의 휴식기가 주어졌고 비로소 나는 걱정을 한시름 내려 놓았다. 아무리 면접이 쉽다고 한들 불안감이 전혀 없지는 않았기 때문이다. 그곳을 선택하기까지 인생을 건 모험을 했고 상황이 자칫 틀어지기라도 했다면 나조차 미래를 예단할 수 없었다. 하지만 주사위를 던진 결과는 성공적이었다.

조금씩 그곳 맥카이의 풍경이 눈에 들어왔다. 시내를 돌아다니고 밤하늘에 무수히 수놓인 별빛도 바라보는 등 모처럼의 자유를 만끽할 수 있었다. 강렬한 햇빛이 내리쬐는 그곳의 모습은 마치 휴양지를 연상케 했다. 그러나 마찬가지로 차도 없으니 발이 묶인 채 꼼짝없이 지내야 되는구나 하는 생각도 들었다. 평화롭지만 지루할 수도 있는 곳. 분명 그곳에는 양면성이 존재했다.

악조건 속에서 최선의 선택을 하는 법

쉬는 동안 어떤 계획을 세워야 하나 생각했다. 외국인 친구도 잃었고 아는 사람이라고는 그곳에 있는 한국인 친구들이 전부였기 때문에 처음부터 모든 것을 다시 시작해야만 했다. 우선 나는 무작정 밖으로 나왔다. 기존의 한국인 친구들이 구축해 놓은 인맥을 활용할 수도 있었지만 별로 그러고 싶지 않았다. 친하긴 했지만 아직은 다소 어색한 사이였고, 그냥 늘 해 왔던 대로 혼자 돌아다니는 게 더 익숙했다. 가장 만만한 곳은 교회였다. 다행히 주변에 교회가 있었고 나는 예배를 드리면서 공부할 수 있는 장소를 물색했다. 집에는 한국인들밖에 없기 때문에 무엇을 하든 우리의 대화는 한국어였다. 나는 영어를 쓸 수 있는 환경을 집 밖에서 만들고 싶었다. 한국인들 사이에서 영어 공부를 한다는 것은 초인적인 마인드가 아니고서야 불가능하다고 여겼기 때문이다. 그래서 나로서는 안과 밖을 구분하는 것이 중요했다. 한국인 셰어 하우스 공간은 곧 한국, 현관문을 나서는 순간 호주라는 느낌을 받도록 만들고 싶었다. 그렇게 혼자 고립될 수 있는 장소를 찾던 중 집에서 2킬로미터 떨어진 거리에 도서관이 있다는 사실을 알게 되었다.

시골이 주는 이미지와는 달리 도서관은 최신식 건물이었다. 그곳에선 보기 드물게 와이파이도 잘 터졌고 여러 개의 회의실과 다양한 테이블, 수많은 서적들로 이루어진 모습이 이방인인 나의 시선을 사로잡았다.

'이곳이다! 여기라면 영화 스크립트를 보든, 영어 공부를 하든 나만의 공간이 될 수 있겠다.'

주변을 둘러보니 모두가 외국인이었고 내 기준에선 이 곳이 작은 호주였다. 안과 밖의 경계가 생긴 것이다. 주말에 일찍 문을 닫는 점 빼고는 이용 시간도 괜찮았다. 아침 일찍부터 도서관으로 발걸음을 옮겨 하루를 보낸다면 괜찮을 것 같았다. 차가 없는 나에게 근처의 도서관은 매우 소중한 존재로 다가왔다. 시골이다 보니 어디를 가도 차가 필요했고, 운 좋게 외국인 친구를 사귄다 해도 가까운 거리에 살 확률은 제로에 가까웠다.

일부러 '아싸'가 되려는 의도는 없었다. 다만 영어를 잘하고 싶은 간절함에 나는 '혼자'를 선택했다. 스스로 정보를 찾고 혼자 외국인 친구를 알아보려 했고 개인적으로 영어 공부도 했다. 물론 셰어 하우스 친구들과도 인사는 곧잘 주고받았다. 가끔씩 열리는 파티에도 참석하는 등 어색함의 간격도 부지런히 좁혀 나갔다. 그렇게 맥카이의 삶이 나에게 스며들었다. 어느덧 시드니에서의 외국인 셰어 하우스가 맥카이의 한국인 셰어 하우스로 대체되었다.

애나와 함께한 여행

교회를 다니던 중 지역 사람들끼리 한 달에 한 번 저녁을 먹는 커뮤니티 모임이 있다는 이야기를 들었다. 구체적으로 이웃을 위해 각자 준비한 음식을 공유하며 그 안에서 다양한 사람들을 만날 수 있는 모임이었다. 관심 있으면 자원봉사자로 도우며 밥도 먹고 가라는 제안에 나는 흔쾌히 응했다. 운 좋게도 그날은 공장이 쉬는 날이었고 나는 자원봉사를 하며 내 주변에서 친구가 될 만한 사람들을 물색하고 있었다. 그러다 우연히 애나Anna를 알게 되었다. 애나는 독일에서 호주로 이민 온 친구였는데 성격이 무척 쾌활하고 모험적인 여성이었다. 그녀와 저녁을 먹으면서 어느 정도 친해질 수 있었고 우리는 서로 연락처를 주고받았다. 며칠 후 애나로부터 연락이 왔다. 문자 내용은 주말에 우연히 알게 된 스웨덴 친구와 함께 놀러 갈 건데 같이 가자는 것이었다. 속으로 '이건 또 웬 횡재냐'하며 나는 무조건 가겠다고 했다. 차가 없는 나는 데리러 와 줄 수 있는지를 정중히 부탁했고, 다행히 그녀는 내 요청에 환하게 웃으며 대답했다. 그렇게 나의 첫 맥카이 드라이브가 시작되었다.

우리들의 행선지는 숙소에서 두 시간은 떨어진 '핀치 하이튼Finch hatton'이라는 작은 계곡이었다.

"너희가 온 기념으로 이 곳을 소개시켜 주고 싶었어. 맥카이에서 아주 환상적인 계곡이거든. 그런데 너희들 수영 좀 할 줄 아니?"

"수영? 그냥 물에 간신히 떠 있을 수 있는 정도? 왜? 수심이 깊어?"

"얕은 곳도 있는데 수영을 할 줄 알면 꽤 재미있게 놀 수 있거든. 다이빙을 할 수 있는 장소도 있어!"

그러자 스웨덴 친구 줄리아가 흥분한 미소를 지으며 대화를 거들었다.

"와우. 다이빙도 할 수 있어? 나 수영 잘해. 가서 계곡 물에 한번 적셔 줘야겠네."

나보다 네다섯 살은 어린 줄리아가 당찬 목소리로 다이빙에 자신감을 비추자 나는 괜히 멋쩍은 웃음을 지었다. 방금 전까지만 하더라도 한국어를 알려 주겠다며 '오빠'라는 단어를 말하게끔 시켰기 때문이다. 한껏 부려 본 허세가 어쩐지 깃털만큼 가벼웠다.

가는 길에 수많은 사탕수수밭과 드넓은 벌판을 보면서 호주가 정말 크다는 인상을 받았다. 도로는 한적했으며 양 떼를 보는 것도 즐거웠고 간혹 야생마도 구경할 수 있었다. 핀치 하이튼 입구 초부터는 마치 열대 우림을 지나는 것과 비슷했다. 우리는 그곳까지 맨발로 갔으며 중간중간 마주치는 사람들의 표정은 모두 행복해 보였다. 마침내 도착한 계곡은 정말 아름다웠다. 마치 작은 폭포를 연상시키는 듯한 계곡은 과연 다이버들을 위한 안성맞춤인 장소였다. 내 키를 훌쩍 넘기는 깊은 수심에 나는 물에 떠 있는 것으로만 만족했고, 줄리아는 아랑곳없이 과감한 다이빙을 선보이며 나의 박수를 이끌었다.

한바탕 물놀이가 끝난 후 우리는 근처의 카페에 가기로 했다. 애나는 그 카페가 방문객들 사이에서도 유명한 곳이라고 일러 주었다. 카페에 도착한 줄리아와 나는 또 한 번 장소가 갖는 분위기에 압도당했다. 신기하게도 숲속 한가운데 카페가 있었고 그건 마치 영화에서나 볼 법한 곳이었다. 분위기에 취한다는 게 그런 느낌일까? 음식을 먹으면서 영어로 그들과 대화를 하고 스며드는 자연의 경치를 감상하는 것에 황홀감을 느꼈다. 차가 없음에도 맥카이에서 이런 경험을 한다는 자체가 큰 축복이라 생각했다. 진한 여운을 남긴 핀치 하이튼을 떠나 우리는 두 번째 장소인 '윤겔라Eungella 국립공원'으로 향했다. 그곳에 가는 목적은 단 하나였다. 바로 오리너구리를 보기 위해서였다. 산행 코스를 연상시키는 길을 거치며 어느덧 워킹 트랙walking track이라는 곳에 다다랐다. 애나는 이곳의 경치가 그렇게 끝내준다면서 우리에게 꼭 보여 주고 싶다고 했다. 도착한 그곳은 과연 기대 이상이었다. 검색 사이트에서 한 말이 거짓말이 아니었다. 역시 호주구나 하는 생각이 들었다. 땅덩어리가 큰 만큼 그들이 가진 자연의 아름다움도 넘쳐났다. 한인 셰어 하우스에 살고 있음에도 이러한 기회를 가질 수 있다는 것이 그저 놀라울 따름이었다. 드디어 윤겔라 국립공원에 도착했고 우리는 오리너구리를 영접했다.

"저 삐죽 튀어나온 부리 보이지? 저게 바로 오리너구리야. 저 녀석도 호주에서만 볼 수 있는 동물 중 하나지."
"우와, 너무 신기하다. 어릴 때 책에서 사진으로만 봤던 동물을 여기서 처음 봐!"

멀리서 보았기 때문에 자세한 생김새까지 관찰하지는 못했다. 다만 주둥이가 길게 늘어진 부리만큼은 여전히 잊을 수가 없다. 겨우 그 장면을 보기 위해 한 시간이 넘는 드라이브를 했다는 게 조금 싱겁기도 했지만 거길 가는 여정이 아름다웠기에 그것만으로도 충분했다. 애나와 함께한 여행은 그때가 처음이자 마지막이었다. 그녀의 친구가 맥카이에서 공연을 할 때 가서 축하를 해 준 적도 있었지만 원래 자주 보는 사이는 아니었다. 그 후에 그녀는 독일로 돌아갔다. 완전히 호주를 떠난 것은 아닐 것이다. 종종 알림이 뜨는 그녀의 페이스북에는 여전히 수많은 여행 사진이 올라오고 있다.

고마워 애나야. 네 덕분에 맥카이에서 한층 풍성한 경험을 해 볼 수 있었어.

애나와 함께한 여행

2
영어 독서가 취미가 된 순간

테드TED를 한번 외워 볼까?

막막했다. 맥카이에 와서 어떻게 영어 공부를 해야 하는지 도무지 갈피를 잡지 못했다. 한동안 하지 않았던 100LS를 다시 꺼내 드는 방법 말고는 그곳에서 내가 영어를 향상시킬 수 있는 대안을 찾지 못했다. 나는 그것이 최선의 선택이라는 판단을 머릿속에 주입해 가며 하는 수 없이 가방에 챙겨 온 스크립트를 따라 읽기 시작했다. 사실 이 훈련의 정석은 그저 따라 읽기만 하는 것이 아니다. 원칙은 영화를 100번 보면서 극 중의 대사를 나도 같이 말하는 것이 핵심이다. 다시 말해 이미 대사를 외운 상태에서 반복적인 듣기 및 말하기를 해야만 제대로 된 성과가 나오는 훈련이다. 그러나 호주에서 야심차게 도전하리라 다짐했던 이 훈련을 나는 제대로 수행해 본 적이 한 번도 없었다. 왜냐하면 정말이지 열 번도 넘게 본 영화를 다시 또 본다는 것 자체가 나에게는 고문에 가까운 행위였기 때문이다. 대사도 알고 영어도 들렸지만 한 번도 따라 해 보지 못했다. 오히려 보면 볼수록 수많은 등장인물의 대사를 외우면서 따라하는 것이 현실적으로 가능한지 의문부터 들었다. 분명 내가 참고한 책의 저자는 이 훈련을 통해 영어가 트였다는데, 트이기는커녕 내 오금만 비틀어지고 있었다.

'아니, 진짜 이게 나한테 맞는 방법이긴 한 거야? 정말 너무 지루하고 재미없어서 미쳐 버리겠다!'

어느 순간부터는 대본을 보는 것도 확신보다는 할 수 있을까 하는 의구심만 더 커지게 되었다. 한 번의 복습이 끝나면 두 시간이 훌쩍 지나 있었고 누적되는 감정은 자신감이 아닌 터질 듯한 지루함이었다. 희망이 절망으로 바뀐 순간 결국 마지막 카드를 빼 들었다. 영화 100LS를 포기하겠다는 결정을 내린 것이다. 두 시간이 넘는 분량의 영상을 앞으로도 수십 번을 보는 건 내 의지에서는 이제 불가능하다고 여겼다. 어차피 지금 하는 것도 야매인데 이걸 통해 정석의 효과를 기대한다는 건 무모한 짓이라고 판단했다. 차라리 두 시간이 아닌 그 시간을 획기적으로 단축해서 도전해 볼 수 있는 것들을 찾아보기로 했다. 그렇게 영어 공부법을 뒤적이던 중 TED를 활용해 보는 방안이 떠올랐다. 특별할 건 없었다. 그저 다른 버전의 100LS일 뿐이다. 그러나 단지 영상의 길이만 확 줄였을 뿐인데도 나에게는 매우 신선해 보였다.

'차라리 TED를 이용해 100LS를 해 보자. 영화가 두 시간짜리면 이건 기껏 해 봐야 20분도 안 되는 영상이잖아.'

TED를 암기하는 영어 학습법은 이미 널리 알려졌기 때문에 의구심을 가질 필요는 없었다. 훌륭한 내용도 많았고 여러 명의 등장인물이 나올 필요도 없었다. 오직 말하는 사람의 내용만 읽고 외우면 그만이었다.

처음에는 16분짜리의 영상으로 스타트를 끊었다. 그러다 그것도 길다는 생각에 시간을 더 줄여 버렸다. 그렇게 해서 시작한 영상은 '안젤라 더크워스Angela Duckworth'의 6분 13초 분량의 〈Grit〉이었다. 6분으로 시간을 확 줄이니 그제야 조금 현실적인 분량으로 다가왔다. 억지로 두 시간을 봐서 1회를 끝내는 것보단 두 시간이 넘어도 10회를 넘기는 게 더 효과적이었다. 방법은 재미있었고 진도를 빼는 맛이 났으며 100LS에서 그토록 가지고 싶었던 성취감을 TED를 통해 달성할 수 있었다. 뿐만 아니라 이 방법은 장소에 크게 얽매이지 않았다. 분량이 적었기 때문에 집 밖에 나가서 한 번 따라 읽기만 해도 되었다. 초반에 발음이 입에 붙어야 하는 과정이 번거롭긴 했지만 적응만 되면 수십 번을 따라하는 것은 일도 아니었다. TED를 통해 학습법을 익힌 나로서는 드디어 나에게도 맞는 공부법을 찾았다고 생각했다.

잠깐만, 이게 읽어지네?

TED를 통해 안젤라 더크워스의 〈Grit〉, 줄리안 트레져Julian Treasure의 〈Sound〉, 캔디 창Candy Chang의 〈Before I want to die〉 영상을 접하게 되었고, 이들 내용을 각각 100번을 넘게 따라 말했다. 그러나 처음과는 달리 TED 영상을 통한 내 성취감은 급격히 줄어들었다. 분명 길을 걷다가도 따라했고 매일매일의 목표를 충실히 지켜 나갔는데도 말이다. 심지어 〈Grit〉의 경우는 스크립트를 통째로 외워 심심하면 작문을 읽힐 겸 반복적으로 써 보기도 했다. 그럼에도 뭔가 모를 허전함이 계속 밀려왔다. 이유가 뭐였을까? 먼저 떠올린 건 5~6분짜리의 영상을 외운다는 것은 단지 공부법이라고 하기에는 어딘가 많이 가볍다는 생각이었다. 대단한 집중력이 필요한 것은 아니었지만 반복 학습이라는 점에서 쉽게 따분해졌다. 여기에 세 개의 영상을 100번이나 따라했는데도 내 말하기 실력이 드라마틱하게 나아진다는 느낌을 갖지 못했다. 그냥 한마디로 말하자면 이렇다. 적응이 되니까 재미가 없었다.

이 결론에까지 이르자 점점 공부법에 회의감이 밀려왔다. 영화 100LS는 너무 지루해서 포기한 것은 그래, 뭐 그럴 수 있다고 치자. 그런데 이 TED는 또 금방 할 수 있으니까 쉽게 질린다는 게 도대체 말이나 되는 소리일까? 그런데 그 둘 사이에 하나의 공통점은 있었다. 그건 과정 안에서 재미를 찾지 못했다는 데 있다. 단지 훈련이자 트레이닝이었지 결코 호기심을 끌 만한 요소는 어디에도 없었다. 하기야 똑같은 영상을 수십 번씩 보는데 무슨 수로 재미를 느낄 수 있을까!

그러던 어느 날. 여느 날처럼 도서관의 개별 룸에 들어가 TED 100LS를 하고 있었다. 30분도 채 되지 않는 중얼거림이 끝난 후 핸드폰을 보며 쉬고 있었다. 그러나 핸드폰을 만지작거리는 것도 하루 이틀이었고 심심해하던 나는 문득 이 도서관에는 어떤 책들이 진열되어 있는지 궁금했다. 선반에 꽂힌 책들을 제목만 보며 쑥쑥 훑고 지나가다 우연히 어떤 작은 포켓북이 눈에 들어왔다. 그 책의 제목은 『포레스트 검프『Forrest Gump』였고 과거에 한번 영화로 본 적이 있던 나—다만 내용은 전혀 기억나지 않았다—는 호기심에 책을 집어 읽어 보기 시작했다. 그런데 바로 그 순간 정말 놀라운 경험을 했다. 그 포켓북이 그냥 읽히는 것이 아닌가. 그것도 재미를 느껴가면서.

그 느낌은 정말 태어나 처음 가져보는 경험—내 고정관념을 깬 사건이었다—이었다. 내가 영어 책을 읽어 가고 있단 사실이 너무 신기했다. 물론 어려운 책은 아니다. 겨우 30~40페이지에 불과한 작은 책이었지만 중요한 건 '쉬는 시간'에 내가 이걸 읽었다는 사실이다.

'아! 영어 원서를 재미로 읽을 수도 있는 거였구나!'

보통 공부가 끝나고 쉬는 시간에는 그냥 쉬기 마련이다. 인터넷 기사를 살펴본다든가, 유튜브를 보면서 영어에 지친 뇌를 쉬게 해 준다. 그냥 평상시의 내 모습과 다름없다. 그러나 나는 이날 적은 분량의 책을 무려 한 시간 반 동안 읽어 댔다. 그것도 온전히 내 의지로. 심지어는 그다음 날에도 독서의 재미를 느끼기 위해 분량을 아껴 가며 읽기까지 했다. 이걸 어떻게 설명해야 하는 걸까? 영어는 분명 공부가 아니었었나? 영어 원서를 읽는다는 행위는 공부가 아닌 건가? 뭐라 설명할 수 없는 이 경험을 집에 와 자료를 찾아보면서 조금씩 깨닫게 되었다. 나는 영어를 단지 읽어 낸 게 아니라 독서를 하고 있었던 것이다. 내가 예전부터 가장 좋아했던 취미, 단지 독서라는 행위에 '영어'라는 언어가 하나 더 추가되었던 것이다. 영어 독서. 꾸준하게 읽을 수 있겠다는 확신이 직감적으로 들었다.

인생 최고의 수확

　TED 100LS를 시작한 지 단 3~4주 만에 영어 독서로 방법을 바꾸었다. 그 후부턴 더 이상 반복해서 뭔가를 따라 말하거나 외국인 친구에 집착하지 않게 되었다. 영어 독서라는 무기가 나에게 있어 심리적 안정감을 준 것이다. 어떻게든 영어에 대한 끈을 놓지 않은 것이 결국에는 이런 식으로 보상이 되어 오는구나라는 생각마저 들었다.

당장에 피부로 와닿은 영어 독서의 장점은 무궁무진했다. 먼저 장소의 한계를 벗어났다. 훈련이라고 할 것도 없이 기분 좋은 음악을 들으며 내 방에서 몇 시간씩 독서를 할 수 있었다. 도서관에 가는 것마저 즐거웠다. 현지인들이 읽는 영어 원서를 이방인인 내가 그들의 시선에서 이해한다는 사실이 엄청나게 뿌듯했다. 그 밖에 영어 독서에서 얻은 가장 큰 수확은 바로 '꾸준함'이 가능하다는 사실이었다. 지금까지의 공부법에서는 결코 느껴 보지 못했던 '새로운 정보를 얻는 즐거움'이 곧 꾸준함으로 이어졌다. 그렇게 스무 권의 책을 스마트폰으로 해치우며 나는 좀 더 지속적인 독서를 위해 '킨들'을 구입했다. 영어 독서에 최적화된 단말기를 통해 내가 느낄 만족감을 극대화시키기 위해서였다.

한인 셰어 하우스에서 지내다 보면 다양한 친구들이 참 여러 가지 방법으로 영어 공부를 하는 것을 볼 수 있다. 누구는 영화를 보며 영어 자막을 사용하기도 하고 다른 이는 예전의 나처럼 한 편의 드라마를 몇 번이고 보기도 한다. 하지만 영어 공부를 '지속'한다는 행위는 정말이지 힘든 일이 아닐 수 없다. 영어 자막으로 시작했어도 수 편의 에피소드에 갇혀 진도가 나가지 않는 경우도 있고, 반복적인 드라마의 지루함을 이기지 못해 결국 빠르게 드라마 시리즈를 완주해 버리기도 부지기수다. 이들로부터 얻는 시사점은 분명하다. '나아간다'는 건 과정 자체에서 '재미'라는 동력을 얻어야지만 꾸준히 지탱될 수 있다는 것이다.

잘 생각해 보자. 사실 꾸준하다는 단어 자체는 어떤 목적을 향해 달려간다는 의미를 내포하지는 않는다. 그런 면에서 본다면 독서는 공부와는 방향이 조금 다른 것일 수 있다. 공부는 대단히 목적 지향을 내비치는 단어다. 그렇다면 공부와 반대의 느낌을 주는 활동에는 무엇이 있을까? 내 생각엔 그건 '취미'다. 공부의 목적이 뭔가에 도달하는 것에 있다면 취미의 목적은 그 자체로 즐기는 데 있다. 이는 내가 영어 독서를 하면서 알게 된 사실이었다. 그리고 그건 앞으로 내가 영어 독서를 하면서 나아가고자 할 방향이 되었다. 버티는 것과 즐기는 것의 차이를 이제는 조금 알 것 같았다.

100LS의 훈련 과정을 어떻게든 내 것으로 만들기 위해 노력했지만 결국은 실패했다. 오금이 저리고 새벽에도 나가 대본을 그렇게 주구장창 외워 봤지만 한 번도 재미를 느끼지 못했다. 모두 다 지루했고, 해야 한다는 강박만 남긴 채 몸도 정신도 많이 피폐해졌다. 반면 영어 독서는 달랐다. 죽기 살기로 노력하지도 않았고 치열함을 느껴 가며 책을 읽지도 않았다. 그저 더 잘 이해해 보려고 했던 과정들 속에 노하우가 생겼다. 돌이켜 보니 그런 느낌은 내가 한창 스피킹에 빠졌던 그때와 비슷했다. 로란조와 두세 시간씩 이야기해도 지치지 않고 할 수 있었던 이유는 단지 영어로 말하는 과정 자체가 즐거워서였다. 서툴긴 하지만 의사 표현을 내가 직접 영어로 할 수 있었고 또 그 과정을 한 번도 공부라고 생각해 본 적이 없었다. 몸에 맞지 않는 100LS를 억지로 구겨 넣으려 했었다. 그러나 지금 나에게 다가온 영어 독서는 맞춤복 마냥 편안함을 느꼈다.

돈보다 영어!

세컨 비자를 얻기 위해 간 그곳 맥카이에서 내 목적은 오로지 돈이었다. 시골에서 마땅히 할 수 있는 것도 없었고, 한인 셰어 하우스에 지내야 했기에 특별히 영어로 무엇을 이루겠다는 생각을 품지 않았다. 그저 영화 스크립트나 충실히 따라 말하며 마음 맞는 외국인 친구를 찾아 간간이 영어로 대화만 섞을 수 있으면 좋겠다는 게 전부였다. 불안하지만 그게 현실이었기에 받아들여야 했다. 그래서 이왕 온 김에 즐겁게 일을 하며 돈이나 왕창 벌어 볼까 하는 생각을 하게 되었다. 투잡을 통해 단기간 내에 돈을 번 다음 세컨 비자를 획득하고 빨리 그곳을 떠나는 게 내 계획이었다. 그런데 영어 독서를 시작하면서부터는 그러한 계획이 오히려 고민으로 다가왔다. 내 몸을 혹사해서 좀 더 많은 돈을 벌 것인지, 아니면 지금의 일에만 몰두하고 나머지 시간을 전부 독서에 할애할지가 고민되는 부분이었다. 이미 투잡을 위한 용도로 자전거도 새로 구입했다. 사실 마음만 먹으면 당장이라도 커버 레터와 함께 맥카이 시내 곳곳을 돌아다닐 수도 있었다. 처음 보는 식당에 들어가 일자리 소개를 부탁하는 것은 워홀에 적응한 외노자에게는 그리 어려운 미션이 아니었다. 그런데 나는 이때 호주에 온 목적을 다시 한 번 진지하게 바라봤다. 그리고 드디어 내 평생의 숙원이었던 영어와 친해지는 쪽으로 방향을 돌리기로 결정했다. 처음으로 돈과 영어 50 대 50의 팽팽했던 줄다리기에서 영어로 기울였던 순간이다. 물론 영어 독서가 미래의 나에게 무엇을 가져다 줄지는 아무것도 예상할 수 없었다. 투잡을 하면 돈이라도 들어오지만 호주에서 스피킹도 아닌 '리딩'에 올인한다고 했을 때 바라보는 주변의 시선도 그리 곱지만은 않았다. 그럼에도 내가 영어 독서를 선택한 이유는 명확했다. 평생을 갈망만 해 온 영어라는 언어에 익숙해지고 싶었던 것이다. 정말 원서를 후회 없이 읽어 보면서 영어에 대한 미련을 이번 기회에 지우고 싶었다. 영어 독서가 나에게 맞는 방법이라는 것을 알았기에 좋아하는 것을 나만의 방법으로 체득화하고 싶었다.

물론 내가 소고기 공장의 야간 클리너 일에 꽤 만족하고 있었기에 그런 결정을 내린 측면도 있다. 군이 여기를 빨리 탈출해서 또다시 영어 공부를 하는 환경을 만드는 것에 지친 마음이 들기도 했다. 이런 생각도 들었다.

'5만 불을 버나 6만 불을 버나 큰 차이가 있나? 어차피 여기서 내가 투잡을 한다고 대단한 돈을 만지는 것도 아닌데, 꼭 그렇게까지 할 필요가 있나?'

기껏해야 네다섯 시간에 해당되는 추가 소득이다. 목돈이 될 리도 없으며 오히려 체력의 고단함을 통해 얻는 소득이 럭셔리한 생활비 지출로 이어질 수 있다. 차라리 그 시간에 영어 독서를 하면 책 몇 권을 더 읽을 수 있다.

'그래! 정말 어렵게 잡은 기회인데. 이제 겨우 영어를 붙잡을 수 있게 되었는데…. 이번 기회를 통해 영어 독서가 과연 진짜 취미가 될 수 있

느지 한번 제대로 해 보자.'

이로써 나는 호주에서 취미를 가지게 되었다. 그토록 간절했던 영어를 이젠 즐기는 쪽으로 방향을 바꾸게 된 것이다. 공부가 아닌 취미로서 영어를 바라보기 시작했다.

의식의 흐름으로 살펴본 영어 독서 탐색 과정

해외 팝 덕질을 통해 영어에 관한 호기심 상승 → 토익과 CFA 시험의 좌절로 인해 영어에 대한 트라우마를 가지게 됨 → 답이 없는 인생의 판을 흔들기 위해 호주 워킹 홀리데이를 선택, 이후 영어는 스피킹 및 반복 학습 위주로 공부 → 스피킹을 위한 다양한 시도를 통해 입이 트이는 경험을 함 → 한인 셰어 하우스로 자리를 옮기며 반복 학습 훈련에 몰입 → 반복 학습이 지닌 치명적인 한계점(지루함)을 이겨 내지 못함 → 좀 더 빠른 시일 내에 성취감을 느낄 수 있는 반복 학습(TED)으로 변형을 시도 → 성취감은 느꼈으나 그 안에서 재미를 찾는 데는 실패 → 우연한 계기로 영어 책을 읽어 재미라는 요소를 발견 → 영어를 꾸준히 접하기 위해선 하고 있는 행위에서 재미라는 요소가 반드시 있어야 한다는 것을 깨달음 → 이전부터 좋아했던 독서라는 취미를 영어와 접목시켜 마침내 영어 독서를 공부가 아닌 취미로서 받아들이게 됨.

3
보스윅 공장 친구들

보스윅 공장 첫 외국 친구들

한인 셰어 하우스에 살았다고 외국인 친구를 사귀지 못한 것은 아니다. 우리가 일하는 소고기 공장은 워홀러들의 인력을 제법 필요로 하는 곳이기 때문이다. 셧다운이 끝나고 교육이 있는 소집일이었다. 그곳에는 이미 수많은 외국인 친구들도 와 있었는데 이중에는 두 명의 독일 여성 친구도 있었다. 소의 피를 닦아야 하고 간혹 잔인한 장면들이 목격될 수 있는 그곳에서 여자가 일을 하는 게 쉽지만은 않을 것 같다는 생각을 했다. 하지만 호주는 역시 워홀러들의 천국이다. 급여가 깡패인 그곳에서는 남자보다 더 패기 넘치는 여자들이 많았다. 한인 셰어 하우스 사람들이 꽉 잡고 있는 여기 보스윅에서 두 독일 친구는 우리와 같은 파트로 배치를 받았다. 외국인에, 그것도 여성 친구와 같이 일할 수 있게 된 우리는 속으로 쾌재를 부르며 앞날을 기대했다.

독일 친구들은 서로가 꽤 유대감이 깊은 사이였다. 유치원 때부터 서로를 보며 자라 왔고 세컨 비자를 따기 위한 목적으로 여기 맥카이에 왔다고 한다. 우리 일행은 외국인 친구와 어울릴 수 있다는 생각에 친절하게 그들 곁에 다가가려 노력했고 쉬는 시간마다 서투른 영어를 내 뱉으며 일상을 주고받기에 이르렀다. 그러던 어느 날 독일 친구들이 주말에 뭐하냐고 물어봤다. 우리는 아무런 계획이 없다고 했고—있어도 당연히 없는 척을 해야 한다!—그러자 그들은 맥카이에 축제가 있는데 같이 가자는 제안을 했다. 특별한 경험을 가질 기회였다. 우리는 그날만을 바라보며 힘든 한 주를 견뎌 냈고, 당일 같이 밥도 먹고 거리의 축제를 구경하며 기분 좋은 시간을 보냈다. 그 밖에도 우리는 종종 따분했던 맥카이의 주말을 그들과 함께 보내려고 애를 썼다. 근처 볼링펍에서 같이 볼링을 치기도 했고 특별한 이벤트가 없어도 맥카이 시내의 카페에서 수다를 떨기도 했다. 독일 친구들에게는 차가 있었기에 움직이는 게 용이했다. 석양의 지는 노을을 구경하러 드라이브를 가기도 했고 특별한 일정이 없어도 저녁에 바람을 쐬기 위해 자주 만나기도 했다.

기억에 남는 추억으로는 서로에게 식사 초대를 했던 순간이었다. 한인 셰어 하우스에서 독립해 나가 살고 있던 한 한국인 친구가 우리와 그녀들을 초대한 것이다. 동생 친구가 준비했던 음식은 얼큰한 김치찌개였다. 그 밖에 다양한 밑반찬과 손수 만든 김치를 건네는데 범상치 않은 음식 솜씨에 부끄럼—매일 라면과 소시지만 해 먹는 스스로를 반성했다—이 느껴지기도 했다. 음식을 경계하지 않고 다양하게 맛보

려는 독일인 친구들이 고마웠다. 그래도 한국 음식이 처음인 건지, 김치가 주는 색깔이 강렬했던 탓인지,

"Is it spicy?(이거 매워?)"

라는 질문을 하는데 그들에게서 순수함을 느꼈다. 우리는 식사를 마치고는 한바탕 이야기 보따리를 풀어냈다. 우리는 그들에게 한국의 좋은 이미지를 심어 주기 위해 되도록 한국인의 장점이 부각될 만한 에피소드 위주로 대화를 주고받았다. 파티가 마무리될 무렵 이번엔 독일인 친구들이 그녀들이 살고 있는 캐러밴 파크로 초대해도 되겠느냐는 제안을 했다. 독일의 전통적인 슈니첼(돈가스의 한 종류)과 소세지 및 감자튀김 등을 통해 보답을 하겠다고 한 것이다. 우리는 흔쾌히 초대에 응했다. 당일이 되었고 우리는 처음 가 보는 캐러밴 파크에 호기심을 느꼈다. 그곳엔 다양한 외국인 친구들이 마치 게스트하우스처럼 공용 시설을 이용해 가며 살아가고 있었다. 곧 우리 일행은 공용 주방으로 안내받았고 독일 친구들의 음식을 대접 받으며 그렇게 파티는 시작되었다. 그날은 모처럼 술도 같이 마셨는데 너무 흥에 겨운 나머지 정신 줄을 잡는 것이 힘겨웠다. 돌이켜 생각해 봐도 정말 뜻깊었던 날이었다.

함께한 시간은 그리 길지 않았다. 독일 친구들이 세컨 비자를 따기 전에 다른 곳으로 여행을 떠난다고 한 것이다. 비록 짧았던 두 달이었지만 많은 것들을 나눌 수 있는 시간이었다. 고등학교를 졸업하자마자

바로 이곳 호주에 왔다고 하는 모습에 부러움을 느꼈고 앞으로도 더 많은 여행을 통해 세상을 알아갔으면 하는 바람도 가졌다. 이별의 시간이 다가오고 우리는 마지막이 담긴 악수를 건네며 그렇게 서로의 미래를 응원했다.

빅토와 울프와 함께한 에얼리 비치

독일인 친구들이 가고 그 자리는 또 다른 서양의 외국 친구들로 채워졌다. 그들은 빅토(프랑스)와 울프(독일)였다. 서로는 원래 몰랐던 사이였다고 한다. 빅토가 여행 중 맥카이에 오기 위해 히치하이킹을 했는데 때마침 그 길을 울프가 지나가게 되었고, 우연히 그곳의 일자리 정보를 얻게 되어 둘의 행선지는 자연스레 같아질 수 있었다. 우리는 모두가 남자여서 그런지 확실히 빨리 친해졌다. 같은 파트에서 일을 한 것도 있었지만 우리도 제법 적응이 되어 먼저 그들에게 도움을 줄 수 있는 여유가 생겼다. 이 친구들은 좀 더 버라이어티한 삶을 지향했다. 둘 다 캐러밴 파크에 머물렀지만 캐러밴 숙소에서 지냈던 기존의 친구들과 달리 울프는 '차박'을, 빅토는 파크에서 텐트를 치며 히피 같은 삶을 살았다. 렌트비를 아껴 모은 돈으로 그들은 주말마다 자주 놀러 다녔다. 시골 속 공장 출퇴근의 따분함을 피하기 위해 시내의 클럽도 자주 가고 술도 마시면서 사람을 만나러 어디든지 이동했다. 어느 날 공장에서 일을 마치고 집에 가기 위해 모여 있던 그때 울프가 먼저 말을 걸어왔다.

"이봐 데이브, 주말에 우리랑 같이 에얼리비치에 놀러 가지 않을래? 내가 픽업해 줄게!"
"에얼리비치? 거기가 어딘데?"
"죽여주는 곳이야. 경치도 좋고 사람도 많은 관광지야."
"오, 그래? 주말이면 거기서 자는 거야?"
"그렇지, 2박 3일로 갈 거야."
"2박 3일이면 월요일 날 와서 바로 일하는 거 아니야?"
"에이! 데이브, 우린 젊잖아!"(참고로 울프는 스무 살이었다.)

그렇게 갑자기 에얼리비치에 가게 되었다. 이번엔 나와 한국인 친구 도윤이(가명), 빅토와 함께 울프의 차를 타고 2박 3일의 여정을 떠났다. 검색해 보니 에얼리비치는 호주에서도 유명한 관광지였다. 나는 따분한 동네를 벗어날 생각에 마음이 설레었다. 맥카이의 한적함에서 그곳의 화려함을 마주하기까지는 차로 약 네다섯 시간이 소요되었다. 오후에 일찍 출발한 우리는 이른 저녁이 되어서야 그곳에 발을 디딜 수 있었다. 미처 숙박 예약을 하지 못한 나는 도착 후 바로 머물 곳을 알아보려 했다. 그런데 도윤이가 잘만 하면 공짜로 잘 수 있는 방법이 있을 것 같다고 나를 설득했다. 아리송한 도윤이의 꼬임에 나는 설득당했고 그렇게 우리는 머물 방이 아닌 친구들이 있는 곳으로 향했다.

울프와 빅토는 국적이 다른 만큼 어울리는 모임도 성격이 달랐다. 울프의 친구들이 있는 곳은 게스트 하우스였고 그곳에서는 스웨덴, 호주, 독일 등 다양한 국적의 새로운 친구들이 맥주를 마시며 서로 간의 이야기를 나눴다. 프리 토킹을 하기에는 괜찮은 조건이었으나 생각보다 진중한 친구들의 모습에 점차 지루함을 느꼈다. 우리는 자리가 정리되는 틈을 타 빅토에게 가기로 마음먹고는 위스키 한 병을 챙겨 자연스럽게 행선지를 옮겼다. 빅토네 일행은 역시 달랐다. 열 명이 넘는 무리들은 풀밭에 쭈그려 앉아 '노상'을 즐기고 있었고 주변에서는 엄청 큰 LED 라이트가 그들을 비추고 있었다. 벌써부터 뭔가 재미있을 것 같다는 느낌에 나와 도윤이는 서둘러 빅토에게 손짓을 보냈다. 그러자 빅토가 반응을 하기도 전에 주변 친구들이 먼저 격한 호응을 보내왔다.

"헤이, 코리안 친구들! 컴 히얼, 컴 히얼. 웰컴 투 더 프랑스 빌리지! 유후—"
"안녕 애들아, 만나서 반가워."

이후부터는 불어로만 이뤄진 대화로 인해 그들이 무슨 말을 하는지 알아듣지 못했다. 그러나 고조된 분위기 속에 우리는 재빨리 녹아들어 갔다. 나는 바로 위스키 한 모금을 마시고는 취기가 올라오는 만큼 말을 거는 횟수를 늘렸다. 알고 보니 이 친구들은 모두 보스워 공장의 대기자들이었다. 빅토와 울프가 조금 더 일찍 와서 취업이 되었던 것이고 그들도 조만간 면접을 볼 거라고 했다.

"데이브, 그런데 그 소고기 공장은 얼마나 줘?"
"주에 많게는 1,000불 넘게 벌어! 일도 할 만하고 나쁘지 않아."
"좀만 기다려! 우리가 합격하면 그 공장 바로 정복해 버릴 테니까! 참, 이따가 애들이랑 클럽 갈 건데 같이 가자!"
"클럽? 좋지!"

국적이 다양한 사람들이 그처럼 하나가 될 수 있었던 이유는 여러 가지가 있겠지만 그중에서도 영어라는 언어가 그만큼 대단한 위력을 발휘했다. 영어를 통해 우리의 언어는 하나가 되었고 친구라는 부류 앞에 서로의 국적은 무의미했다. 모두가 어색함이 없었다. 건배를 외치고 술을 마시고 노는 동안 서로에게서 느껴지는 친근함은 매우 자연스러웠다. 2차로 간 클럽에서 나는 마침내 못다 푼 한을 풀 수 있었다. 격렬한 사운드에 내 몸뚱어리를 미친 듯이 흔들었다. 나는 주변의 격렬한 시선을 한 몸에 받아 가며 클럽에서 존재감을 발휘했다.

"울랄라***. 데이브 너 대단하다. 울랄라, 너 춤 정말 짱이야!"(잘 췄다는 뜻은 아닐 것이다!)

*** Ooh lala: 브닝스어로 사전에는 '(고통·경멸·놀라움)아야!, 저런, 아이구!'로 나오지만 경험상 우리말로 표현하자면 그냥 '우와!, 와우!'정도 되겠다. 엄청나게 자주 쓰이는 말이다.

시간이 지나 어느덧 정신을 차려 보니 나는 울프와 함께 그의 차에서 잠을 자고 있었다. 도윤이는 빅토의 텐트에서 그와 함께 찬바람을 맞아 가며 밤을 보냈다고 했다. 다음 날이 되고 잠에서 깬 나는,

'이런 곳에서 도대체 내가 어떻게 잔 거지?'

하는 생각이 들었다. 중간중간 모래 알갱이가 피부에서 느껴지고 푹 꺼진 에어 매트리스에 자세마저 불편했지만 그 느낌이 의외로 나쁘진 않았다. 주차장 근처에 있는 공중목욕탕에서 샤워를 하고 어지럽혀진 내 모습을 보자니 마냥 웃기고 신기했다. 도윤이는 잘 때 입이 돌아갈 뻔 했다며 오늘은 그냥 숙소를 예약하자고 나를 부추겼다. 화려했던 에얼리 비치에서의 여정을 끝내고 집에 왔더니 시간은 벌써 월요일 오후 2시를 가리키고 있었다. 눈 깜짝할 사이에 다시 한 주가 시작된 것이다. 그것도 한 시간 뒤면 공장으로 출근해야 할 시간이었다.

텐트에서 자고 차에서 의식주를 해결한다는 게 믿을 수 없었지만 그것이 여행이 가지는 묘미가 아닐까? 비록 그들의 행동에서는 누추함, 찌질함, 초라함이 연상되었지만 절대 연민은 아니었던 것 같다. 오히려 어떤 것에도 눈치 보지 않고 자유롭게 사는 모습이 인상적이었다.

4

악마와의 거래,
그 유혹의 손길

읽기 전 당부 사항

지금부터 호주에서 겪은 최악의 사건을 써 보고자 한다. 그냥 '나'라는 사람으로 거칠지만 솔직하게 그때 느꼈던 감정을 적어 보려 한다(해당 인물들은 모두 가명으로 처리됐다).

한국인 셰어 하우스 렌트 구조

한국인 셰어 하우스 친구들 중에는 셰어 매니저가 두 명이 있었다. 그중 유찬이는 마스터였고 성준이가 부마스터였다. 유찬이는 집을 실질적으로 관리하는 역할을 했다. 공장에 사람을 모집한다든가, 청소 관리, 사람 관리 등이 주 업무였다. 단 영어가 원활하지 않아 커뮤니케이션에 있어서는 누군가의 도움을 필요로 했다. 반면 성준이는 그런 유찬이의 영어를 보완해 주는 부마스터 역할을 했다. 공장 인사과의 실질적인 소통을 담당하고 부동산 에이전시 이메일 업무 등이 핵심이었다.

그들이 집을 렌트하는 데는 다 이유가 있었다. 돈이 되기 때문에 렌트를 했던 것이다. 집에는 거실을 제외한 네 개의 방과 주방, 두 대의 차가 놓일 수 있는 큼직한 차고가 있었다. 가장 큰 방에서는 세 명까지 생활이 가능했으며 두 개의 방에는 침대가 각각 두 개씩 놓여져 2인 1실로 마련돼 있었다. 마지막 한 개의 방은 제법 넓은 1인실로 구성되어 있어 결국 집에는 최대 여덟 명까지 지낼 수 있었다. 이 집의 렌트는 주 500불이었다. 한 달로 치면 2,000불이기 때문에 많다고 느껴질 수 있다. 하지만 인원만 잘 관리가 된다면 꽤 짭짤한 수익을 올리는 것도 가능하다. 공동 매니저 두 명을 제외하고 인당 120불씩 낸다고 가정해 보면 주에는 약 720불의 총수입이 들어온다. 매니저들은 자신들의 방세를 제외하더라도 220불의 현금을 추가로 받을 수 있었다. 물론 두 명이서 나눈다면 큰 금액이 아닐 수 있다. 사람 관리에 대한 스트레스도 있고 각종 관리비도 직접 내야 하기 때문에 사실상 방세 면제가 가장 큰 혜택일 수 있다. 그러나 이건 어디까지나 운영 능력의 차이다. 실제로는 방마다 조건이 모두 다르고 방세도 매니저가 책정할 수 있기 때문에 마음만 먹는다면 얼마든지 자신들의 이익을 끌어올리는 것이 가능하다.

세컨 비자가 가능한 곳에서 렌트의 핵심은 이들이 회사 내에서 어느 정도의 인정을 받고 있느냐다. 일자리를 보충하기 위해선 먼저 본인이 공장에서 맡은 위치를 충실히 해낼 수 있는 사람이어야 하고 부동산 에이전시와 소통을 해야 하기 때문에 영어도 곧잘 할 수 있어야 한다. 다행히 유찬이와 성준이는 일머리가 있는 친구들이었다. 그들은 모두 공장으로부터 인정을 받고 있는 친구들이었고 대학교 때부터 친분이 있어 서로 의지할 수 있는 사이였다. 한편 그들은 이번 모집—즉 우리를 선발한 시점—에서 자신들의 역할을 넘겨받을 사람을 찾고 있었다. 워홀러가 한 직종에서 일할 수 있는 만기(최대 1년)가 다가오고 있었기에 렌트를 연장하려면 누군가에게 집을 넘겨주어야만 했다.

　새로 집을 인수받는 이들, 즉 매니저가 될 사람에게 요구되는 것은 개인 차량, 여기서 일을 계속하고 싶어하는 마음, 마지막으로 적당한 영어 실력이었다. 차량이 있어야 앞으로 새로운 사람들의 모집 및 출퇴근 픽업이 가능하고 최소 6~10개월은 더 머물러야 안정적으로 집을 넘겨줄 수 있어서다. 여기서 나는 해당 사항이 없었다. 차도 없었고 오랫동안 일을 한다고 장담을 할 수도 없었기 때문이다. 또 무엇보다 별로 내키지 않았다. 그 무렵에는 이미 영어 독서에 푹 빠져 있었기 때문에 굳이 그런 복잡해 보이는 일에 끼어들고 싶지 않았다. 하지만 그런 내 마음이 재우와 이야기를 하면서부터는 조금씩 달라지기 시작했다.

달콤한 제안

"형님. 집과 관련한 전체적인 운영은 제가 할게요. 사람 모집하는 것도 제가 담당할게요. 대신 형님이 해 주실 건 이런 내용을 영어로 전달해야 할 때 있잖아요. 그럴 때만 좀 도와주세요. 제가 영어가 안 되니까 인스펙션(부동산에서 정기적으로 들어오는 집 검사)이나 인사과에 이야기할 때만 형님이 도와주시면 돼요."

"그럼 서로가 얻게 되는 혜택은 어떻게 되는 거야?"

"유찬이하고 성준이는 수익과 위험부담을 각각 반반 나눴잖아요. 그런데 형님은 위험을 감수하거나 사람 관리에 대해서 스트레스를 받아 하시는 것 같으니까 그런 모든 책임은 다 제가 질게요. 대신 수익도 제가 가져가는 걸로 할 거고요. 형님은 그냥 방세만 내지 않는 거예요. 여기에 제가 픽업비도 따로 요구하지 않을게요. 방세를 안 내면 형님은 월 480불씩 따박따박 세이빙이 가능한 구조인 거죠. 어때요? 괜찮죠?"

"네가 모든 책임과 권한을 지고 나는 영어로 너한테 도움만 주면 되는 거야?"

"그런 거죠. 형님은 제가 영어로 통제하지 못하는 상황만 도와주시면 되는 거예요. 그리고 주방 관리만 좀 부탁드릴게요. 화장실, 거실은 셰어생끼리 돌아가면서 청소를 하니까 관리가 필요 없지만 그래도 주방을 담당하는 사람이 없잖아요. 그것만 형님이 해 주세요."

"일단 네 의견은 충분히 이해했고, 나도 생각을 해 봐야 하니까 한 달 뒤에 최종적으로 알려 줄게. 네가 말하려는 의도는 알겠어."

　예기치 못하게 나에게 부마스터 제의가 들어왔다. 재우는 이미 유찬이와 성준이에게 마스터를 하겠다고 이야기를 했던 모양이다. 즉, 재우 입장에서는 자신이 이 집의 렌트를 맡는 대신 그것을 같이 운영해 줄 사람이 필요했던 거였다. 재우는 차도 있었고 공장에 오래 일할 계획도 있었다. 다만 한 가지 결점이 있었는데 그건 영어가 조금 서툴렀다는 점이다. 반면 그 무렵 나는 영어가 더 이상 어렵거나 두렵게 느껴지지 않았다. 버벅거릴 때도 있었지만 영어로 이야기하는 게 어색하지 않았기 때문에 재우의 제안 역시 그리 어렵게 느껴지지 않았다. 계약은 어차피 서류로 진행하면 되는 것이고 부동산 에이전시, 인사과와의 커뮤니케이션은 사전에 할 말만 잘 정리해도 충분히 대처할 수 있어 보였다. 마침 여기에 다른 셰어생들도 장기간 일할 계획을 가지고 있지 않았다. 어차피 시골이고 영어도 괜찮게 할 줄 아는 친구들은 돈보단 경험을 더 중요시했다. 모두 세컨 비자만 따고 탈출할 애들이었다. 사실 처음엔 나도 그들과 똑같은 처지였다. 그런데 어쩌다 영어 독서를 하게 되면서 이제는 그곳을 떠나야 할 이유가 사라진 상태가 되었다. 이미 영어 책으로 방구석 세상을 탐험하고 있었기에 여행이나 또 다른 모험에 굳이 미련을 갖지 않았다. 도인마냥 유유자적한 삶을 즐기는 중이었다.

　재우의 제안은 생각보다 달콤했다. 아니, 솔직히 말하면 안할 이유가 없었다. 수익 부분에서 일정 부분의 개런티를 받으며 리스크는 전혀 지지 않았기 때문이다. 극단적인 상황에서도 재우는 셰어생이 없을 경우에 자신이 비용을 전부 책임지겠다고 했다. 여기에 나를 설득하는 재우의 비전도 훌륭했다. 그는 학생 비자에도 관심이 있었기 때문에 나중에 도시에 갈 때 렌트를 하겠다는 야망을 가지고 있어 이곳에서의 경험을 발판으로 삼고 싶어 했다. 재우는 그저 영어가 좀 되는 놈 하나를 곁에 붙잡아 두고 싶었던 것이다. 방세만 저축해도 한 달이면 480불이다. 그 정도면 나에게 있어 일종의 부업이나 마찬가지였다. 그것도 집에서 청소 잠깐 하고 영어로 이야기만 하면 되는 꿀 중의 꿀인 보직이다. 그 제의를 도대체 누가 마다할 것인가(그리고 한때 나는 투잡 꿈나무였다). 사람 관리며 인원 모집도 본인이 한다고 하니 내가 신경 써야 할 부분이 없었다. 그저 인사과에 "너네 사람 필요하니?"라고 질문한 번 해 주면 되고 부동산 에이전시에게는 메일만 잘 해석해 주면 그만이었다. 매일 책을 읽으러 도서관에 갈 수 있었다. 나가기 전에 주방이나 거실 상태만 눈으로 스윽— 확인해 주면 그걸로 끝인 업무였다. 그럼에도 불구하고 나는 선뜻 확답을 주지 못했다. 결정적으로 그 친구에 대한 신뢰가 확보되지 않아서였다. 잘못 엮이는 건 아닌지, 괜히 했다가 내가 낭패를 보는 건 아닌지에 대한 의구심이 머릿속에서 지워지지 않았다. 그렇다고 재우와 특별히 친하게 지낸 사이도 아니었고 서로의 생활 패턴도 전혀 달랐다. 아무리 책임지지 않는다 한들 셰어생이 없으면 같이 걱정이 되는 것은 당연하다. 인사과에서 사람을 받지 않는다면 부마스터로서 스트레스를 전혀 안 받을 수도 없었다. 여유 있게 생각할 시간을 가지며 어떤 선택이 나에게 맞을까를 고민했다. 그렇게 해서 나온 결론은 '해 보자'였다. 비록 재우를 잘 모르지만 나는 그저 나를 믿었다. 살아오면서 인간관계가 특별히 나빴던 적이 없었고 스스로에게도 그렇게 모난 구석이 있다고 생각하지 않았다. 오히려 어쩌면 이것도 신이 주신 또 한 번의 기회라고 여기기도 했다. 최악의 상황이 올 때 한 번에 몰아서 오듯, 운도 올 때는 밀물처럼 온다는 생각마저 들었다.

'이야! 영어만 할 줄 알면 이런 식으로도 돈을 벌 수 있구나!'

호주에서 렌트를 한다는 것을 한 번도 상상해 보지 않았는데 이렇게 경험을 해 볼 수 있는 게 흥미로웠다. 비록 이 선택을 받아들이는 순간 앞으로 최소 6~7개월은 꼼짝없이 여기 있어야 했지만 그래도 큰 아쉬움은 없을 것 같았다. 나에겐 이미 영어 책이 있었으니까. 영어 독서만 꾸준히 한다면 현실은 지루할지 몰라도 글을 통해 얻는 경험은 누구보다 다채로울 자신이 있었다.

삐걱거리기 시작한 관계

부마스터를 하기로 결정한 후 몇 달이 흘렀고 마침내 집을 넘겨받는 시점이 되었다. 나는 재우를 도와 계약 조건에 이상이 없는지 꼼꼼히 확인해 주었고 렌트 연장을 위해 방문한 인스펙션에서는 직접 대화를 해 가며 내 역할에 충실을 다했다. 서류 등기에는 우리의 이름이 인수 자라는 명목하에 기재되었다. 그러나 비용을 감당하는 측은 재우였기에 내 사인은 서류상에 이름만 올라가는 형식에 불과했다.

처음에는 운영 미숙으로 힘든 점이 쌓여 스트레스를 많이 받았다. 특히 성준이가 나갈 무렵에는—유찬이는 이미 몇 달 전에 떠났다—썰물처럼 세 명이 빠져나가는 바람에 큰 위기를 겪기도 했다. 다행히 오래 지나지 않아 공실은 메꿔졌다. 세 명을 모두 채워 취업시키는 데까지는 두 달이 채 걸리지 않았다. 초반의 재우와 나 사이의 관계는 나쁘지 않았고 우리는 서로가 실수한 부분이 있으면 인정해 주고 대화를 해 가며 어려운 부분을 지혜롭게 극복해 나갔다. 마침내 렌트 운영은 원하던 안정기에 접어들었고 나는 어디까지나 재우의 보조 역할로서 그가 잘되기를 진심으로 응원했다.

그러던 어느 날 주방관리에 대해서 재우가 고충을 토로했다. 서로— 우리를 포함해서 셰어생 전부—당번을 정하면서 청소를 하는데도 관리가 제대로 이어지지 않는다는 불만이었다. 그러나 선뜻 동의할 수 없었다. 나는 보통 아침 일찍 일어나 밥을 먹고 도서관에 가기 때문에 그때까지의 주방 상태를 비교적 깨끗하게 유지해 놓았기 때문이다. 문제는 재우가 셰어생들 중에서 늘 마지막에 일어났고 항상 밥도 마지막에 먹었다. 그러니 그는 중간에 친구들이 밥을 먹고 뒤처리가 깔끔하지 못할 때의 상황만을 목격했고, 그 상황에 불만을 제기했다. 나는 재우가 그렇게 말할 수 있다는 것을 이해했다. 그러나 서로가 바라본 시점이 다르다고 먼저 이야기해 주었고 원한다면 도서관에서 조금 일찍 나와 한 번 더 정리를 하겠다고 했다. 비록 일거리가 하나 더 늘었지만 괜히 이걸로 스트레스 받고 싶지 않았다. 나는 재우와 부딪힐 수 있는 문제점은 되도록 그가 원하는 방향으로 해결되도록 렌트 운영을 보조했다.

재우와 같이 지내며 친해지는 과정에서 나는 그의 태도에 의미심장한 느낌을 몇 번 받은 적이 있었다. 하나의 사건을 언급해 보자면, 공실을 채우기 위해 인원을 뽑는 과정에서 일어났던 일이다. 나는 그때 재우가 왠지 나를 신뢰하지 않는다는 느낌을 받았다. 당시 인사과와의 소통 업무는 내가 하고 있었고 한인 커뮤니티에 공고를 올리는 역할은 재우가 했다. 여기서 재우는 내가 인사과와 협상을 잘 진행해 사람을 데려와도 되는지에 대한 확답을 듣고 싶어했다. 하지만 인원은 내가 뽑고 싶다고 뽑을 수 있는 게 아니었다. 인사과에서 허락해야 데려올 수 있기 때문에 내 역할은 그냥 통역하는 수준에 불과했다. 한번은,

"인사과에 사람 필요한지 물어봤는데 일단 신청서를 놓고 가래"

"아니 형님, 신청서가 아니라 확실히 데리고 와도 되는지를 물어보셨어야죠?"

"내가 그렇게 물어봤는데 일단 신청서를 놓고 가래. 확답을 안 줬어."

"그럼 내일 인사과에 가서 인사과장님께 물어봐 줄 수 있어요? 성준

이는 사람 뽑을 때 인사과장하고 이야기했다는데 우리도 가능하다고 했거든요."

"일단 네가 그렇게 부탁을 하니까 해 보긴 할게. 그런데 직원이 신청서를 놓고 가라는데 내가 인사과장하고 이야기하고 싶다면 그 직원이 나를 뭐라고 생각할까? 괜히 자기를 무시한다는 느낌을 가지지 않을까?"

"그냥 인사과장하고 이야기한다고 하면 되죠, 뭘."

다음 날이 되고 나는 다시 한번 인사과에 방문해서 이번에는 인사과장님과 이야기해 보고 싶다고 했다. 그러나 돌아오는 답변은 똑같았다. 물론 인사과장도 만나 보지 못하고 말이다. 사실 당연했다. 인사과 직원한테 인사과장을 찾으면 돌아오는 질문은 뭐 때문이냐는 반문이 아닐까? 거기서 목적을 이야기하면 어제도 이야기한 바와 같이 신청서를 놓고 가라는 게 직원이 해 줄 수 있는 말의 전부였다. 똑같은 말을 다시 한번 재우에게 건넸더니 재우는 자기가 직접 이야기를 해 보겠다고 했다. 하지만 이 역시 똑같았다. 직원은 그저 같은 말만 세 번 되풀이할 뿐 이었다. 하지만 이 일을 겪으며 우리는 한 명을 운 좋게 취업시킬 수 있었다. 그리고 채용 메커니즘을 어느 정도 알게 되자 재우는 굳이 나를 통하지 않고 인사과에 직접 연락을 해서 사람을 데리고 왔다.

예견되어진 파국

데려왔던 친구들이 모두 취업에 성공하자 재우는 이 무렵 조금씩 사비를 보태 매주 파티를 열기 시작했다. 물론 새 친구들에게는 회식비를 걷지 않았다. 이미 한두 달의 공백기를 가진 친구들이었기에 그들에게도 회식비를 모금하는 건 눈치가 보였던 것 같다. 재우가 적극적으로 나섰기에 나도 어쩔 수 없이 일부 돈을 보태기 시작했다. 처음부터 계산적으로 보이고 싶지 않았고 힘들게 맞이한 평화를 깨뜨리고 싶지 않았다. 단합 활동을 위해 필요한 투자라 생각했다.

재우는 가끔 농담 삼아 나에게 꿀 빠는 보직을 가졌다고 놀리곤 했다. 나는 그냥 웃어넘겼다. 어차피 책임과 리스크를 가진 쪽이 스트레스를 받는 게 당연하기 때문이다. 나는 그런 재우를 적당히 보듬어 주는 것도 내 업무라고 생각했다. 우리는 같은 방에 살면서 밥도 자주 같이 먹었는데 그럴 때마다 재우는 자신의 요리를 항상 나에게 건네주었다. 아마 내가 요리를 잘 못하고 매일 똑같은 음식만 먹는 것이 안타까웠나 보다. 물론 먹고 난 뒤의 뒤처리는 무조건 내가 했다. 받는 게 있으면 뭐라도 돌려주려 했고 서운한 감정을 느끼지 않도록 매사에 신경 썼다. 눈치챘을 수도 있겠지만 나는 딱 이 정도 수준의 관계를 유지하고 싶어 했다. 다시 말해 재우는 정이 많아 더 가까이 접근하려고 했던 반면 나는 혼자가 편했기에 지나치게 간섭받는 것을 좋아하지 않았다. 내색하진 않았지만 적당한 거리감을 갖고 싶었다.

여느 때와 달리 일이 조금 일찍 끝난 날이었다. 일을 마치고 며칠간의 연휴를 즐기게 되었다. 술을 좋아하는 나는 평소처럼 보드카 한 병을 구입해서 집으로 돌아왔다. 그렇게 술을 마시면서 핸드폰을 만지작거리다 보니 어느덧 밤이 되었다. 기분 좋게 취해 가는 그때 재우가 잠깐 얘기할 수 있냐면서 나에게 다가왔다. 나는 알겠다고 하고 우리는 방으로 들어가 이야기를 나누었다.

재우의 이야기를 정리하자면 이렇다. 방에 사람을 모두 채웠는데도 생각만큼 돈이 벌리지 않는다는 것이었다. 방세를 모두 받았지만 쌀과 세제 등에 돈이 많이 들어 갔고 관리비(전기세, 통신비 등)를 고려했을 때 적자라며 본인의 사정을 하소연했다. 솔직히 나는 어이가 없었다. 불만을 토로하기 전에 본인의 소비 성향에 대해서도 한 번쯤은 반성하는 자세부터 가져 봐야 하지 않나 하는 생각이 들었다. 물론 내가 한두 번 언급한 적은 있다. 조금 불편해도 쌀을 조금씩만 사는 게 어떻겠냐고 이야기를 했다. 하지만 재우는 집에 쌀이 없는 것은 말이 안 되는 이야기라고 하면서 한 번에 열 봉지씩 사왔다. 세제 역시 마찬가지였다. 마트에서 장을 볼 때 한두 개씩 사면 한 달은 쓸 텐데 1년치 쓸 것을 미리 다 사 버렸다. 행주와 휴지 또한 몇십 개씩 사다 놓고는 불만을 토로하니 괜히 내 입장만 난처해졌다. 그러나 적자라는 표현은 지나쳐 보였다. 비록 재우의 식대가 나의 세 배가 넘었지만 무려 여섯 명한테서 방세를 받고 있는데. 적자라는 말에 선뜻 동의할 수가 없었다. 그래도 그건 재우의 문제이니 지적하기보단 감싸 주려고 했다. 처음에는 다 그렇다는 말과 함께, 필요한 건 다 샀으니까 이제 너는 부자 될 일만 남았다고 격려했다. 이때 재우가 본격적으로 자신의 진짜 속마음을 털어놓기 시작했다.

"형님, 드릴 말씀이 있어요."

"응, 그래. 얘기해 봐."

"형님, 진짜 제 말에 오해가 없으셨으면 좋겠는데 형님이 요새 주방 관리며 거실 관리 하시는 거 다 너무 좋아요. 요즘 주방도 깨끗하고 애들도 크게 불만을 토로하지 않는 것 같아요."

"응. 고마워."

"그런데 형님, 제가 이렇게 사람을 뽑았는데도 적자잖아요. 맨날 애들 쇼핑할 때 다 데려다줘야 되고 형님이 인사과에 물어보는 것도 형님의 업무인데 제가 하잖아요. 그런데 그건 좀 아닌 거 같아요."

"인사 업무는 네가 그렇게 하는 게 더 편해 보이는 것 같아서 그런 거였어. 요청할 거 있으면 얘기해. 내가 이야기할게."

어느 순간부터 재우는 인사과에 전달할 내용에 대해 군이 나를 통하려 하지 않았다. 본인이 직접 의사소통을 하다 보니 영어에 대한 두려움이 어느 정도 사라진 것이다. 나는 그 정도는 융통성 있게 대처하는 것이라 생각했다. 물론 내 업무였지만 본인이 본인 의사를 명확하게 전달하고 싶다는데 내가 군이 말릴 필요까지는 없다고 생각했었다.

"아니요. 그건 그냥 제가 할게요(그러나 인원 모집은 이미 다 마쳤고 한동안 사람 뽑을 일은 없었다). 그리고 저도 갑작스럽게 지금 이렇게 적자가 났는데요. 그래도 형님한테 방세를 요구하지는 않을 거예요. 그런데 만약 인원이 심각하게 떨어져서 제가 돈을 많이 메꿔야 될 상황이라면 형님이 그래도 좀 도와주실 수 있으세요?"

"아니, 무슨 벌써부터 인원 떨어지는 것을 걱정해. 이미 사람도 다 구했고 셰어비도 잘 받고 있잖아."

"그렇기는 한데요. 보시다시피 사람을 다 뽑았는데도 적자가 나잖아요. 그렇다고 제가 대단한 낭비를 한 것도 아니고 필요한 물품을 산 것뿐인데요."

"필요한 물건을 충분히 사서 이제 더 이상의 지출이 없을 거고, 잘 관리하면 되겠지."

"뭐, 그건 그렇죠. 저도 형님한테 부담 주기는 싫어요. 그런데 형님이 맨날 도서관에 가서 셰어생들하고 잘 어울리지도 않고, 치사(마지막으로 들어온 일본인 여성 친구였다)가 적응하는 것을 좀 힘들어하던데 형님이 적응하는 것을 도와주셔야죠."

"치사 적응 잘하고 있고, 나 치사랑도 문제없어. 내가 일부러 치근덕대면서까지 접근할 필요는 없잖아."

"어쨌든 제가 이렇게 어려움에 처하면 형님은 보조 맞춰 주셔야죠!"

"아니, 도대체 그걸 왜 이 시점에서 얘기하는 거야?"

"사람을 다 뽑았는데도 적자가 나잖아요!"

"아니 적자가 난 건 네 책임이지! 그걸 왜 나한테 돌려! 그리고 이건 계약사항이고 어쨌든 방세를 면제받기로 한 거였잖아."

"뭐, 내 책임? 지금 씨발 내 책임이라고 했어요? 그럼 형님이 인사과 업무 제대로 안 한 건 책임 아니에요?"

"아니, 그건 네가 편해서 한 거였잖아. 다음부터 내가 할게."

"아, 됐고. 씨발 방세를 그렇게 날로 먹겠다는 거죠?"

"아니. 야! 날로 먹는 게 아니라 이건 우리가 처음부터 정했던 사항이잖아. 이제 와서 왜 갑자기 딴소리야?"

"아, 몰라 씨발. 내 책임으로 적자가 났고 형님도 형님 책임을 안 했으니까 다음부턴 ○○씩 내요. 안 그럼 그냥 꺼져 주시든가."

"야, 무슨 말도 안 되는 소리야. 장난하냐? 아니, 사람도 다 찼는데 돈을 내야 되는 건 무슨 상황이고 내가 너한테 돈을 왜 줘야 돼?"

"아, 모르겠으니까, 여기 내 집이고 내가 돈 냈으니까 형님은 그냥 방세를 얼마 내든가 아니면 그냥 내지 말고 처박혀 있든가 마음대로 하세요. 사람이 없을 때 좀 도와달라는 건데 꼭 그딴 식으로 나와야 돼요?"

"뭐라고, 그딴 식?"

말다툼은 더 이어졌지만 사태가 심각하다고 느끼니 술이 깼다. 갑작스럽게 돌변한 재우의 태도에서 '책임'이라는 단어가 그의 눈을 돌아 버리게 한 원인이라는 것을 눈치 챌 수 있었다. 어쩔 줄 몰라하던 나는 일단 상황을 수습해 보고자 재우를 달래 보려 했다. 하지만 그게 더 큰 화근이 되었다. 한쪽이 기어오르고 다른 쪽이 달래니까 한쪽은 더 기고만장해지고 달래는 쪽은 계속 초라해져 갔다. 내가 달랠 수밖에 없던 이유는 바로 인간관계 때문이었다. 한 집에서 살면서 사람과의 관계에서 흠이 생긴다면 큰 스트레스를 받을 것 같았다. 나는 그것을 어떻게든 무마시키려고 했다. 그래서 빠른 사과를 했지만 사태는 진정되지 않았다. 오히려 '책임'이라는 말에 꼬투리가 잡힌 나는 재우의 현란한 말솜씨에 이미 농락당하고 있었다. 이야기가 쳇바퀴처럼 돌자 나는 내일 다시 말해야겠다고 생각했다. 이미 주도권을 내줬는데 술까지 마신 상태에서 더 이상의 대화는 의미가 없다고 여겼다. 상황을 마무리 짓고 억울함이 북받쳐 한국에 있는 친한 친구에게 이 일을 토로했다. 내일은 좀 더 이성적인 판단을 하리라 마음먹고 심기일전하는 시간을 가졌다. 그러나 이후의 전개는 마치 나를 비웃기라도 하듯 최악으로 치달았다.

신중한 고민이 이어졌다. 재우가 지금 나에게 요구하는 것은 무엇이고, 그렇다면 나는 이 상황을 어떻게 빠져나가야 하는지 알아야만 했다. 어제의 수모를 생각하자면 화가 머리 끝까지 치솟았지만 냉정해지기로 했다. 누가 봐도 불리한 사람은 나였고 감정으로 맞서자니 잃을 게 너무 많은 싸움이었다.

나는 부마스터를 관두고 재우와 거리를 유지하며 지내는 것(겉으로는 화해한 척)으로 전략을 세웠다.

카페에서 재우를 만나고 나는 빠르게 잘못을 인정하는 식으로 갈등을 마무리한 후 부마스터 얘기를 꺼내며 화제 전환을 시도했다. 모르는 내용이 있으면 도와주는 대신 평범한 셰어생으로 돌아가 그와 부딪히지 않으려 했던 것이다. 그러나 재우는 본인이 '갑'이라고 생각했던지 점점 언변의 수위가 높아졌다.

"부마스터를 관둔다고요? 그리고 뭐? 그냥 셰어생으로 살고 싶다고요? 지금 장난해요?"

"부마스터를 관둬도 너한테는 전혀 지장이 없어. 영어로 알려 줄 거 알려 주고 도와줄 건 도와줄게. 청소야 뭐 어차피 셰어생끼리 돌아가면서 하는 건데. 그리고 부마스터에 관심 있어 하는 애들 있었잖아. 걔네들한테 다시 잘 얘기해 봐."

"평범한 셰어생으로 살고 싶을 정도로 이 집에 그렇게 미련이 있어요? 아니 씨발, 그냥 내가 싫으면 싫다고 하지. 뭘 존나 돌려서 이야기해요?"

"돌려서 말하는 게 아니라 나는 어쨌든 이 대화를 잘 마무리하고 싶어서 그래."

"아, 존나 이 집에 어떻게든 붙어먹겠다고 아주 발악을 하시네요. 그렇게까지 염치없이 여기서 살고 싶으세요? 이 집에서? 나는 사과고 뭐고 형님이 들어오면 그냥 쌩깔 거니까 마음대로 하세요."

158

"아니 그래도 같이 사는 건데. 어쨌든 이 갈등이 잘 봉합이 되어야지, 계속 서로 어색하게 한 집에서 어떻게 지내니."

"나는 형님이 들어오면 죽어도 개무시 할 거예요. 오든가 말든가 형님은 그냥 똑같이 행동하세요. 형님이 뭐 내 바짓가랑이 사이라도 들어온다면 그때는 화해할 용의가 있지만요."

"야! 너 말이 좀 지나치다. 무슨 말을 그렇게 하냐? 어쨌든 서로가 대화를 하려고 여기 온 거 아니야? 잘 합의 봐서 기분 좋게 들어가야지."

"그 정도로 용기가 없어서 씨발 어떻게 저를 설득시키려고 한 거였어요? (비꼬는 말투로)최소한 그 정도의 마음은 보여 줘야 되는 거 아니에요?"

"무슨 마음?"

"형님이 기어서 제 바짓가랑이 사이로 들어오면은 그때는 화해할 마음이 있다니까요!"

어느덧 카페 마감 시간이 다가왔고 미련하다 못해 멍청했던 나는 화를 내야 될 타이밍마저 놓쳤다. 가슴을 후벼 판 상처가 감정으로 올라오기까지 시간이 필요했던 것이다. 정말 이해할 수 없었던 건 나는 헤어지는 순간까지 재우에게 화해—아니, 구걸이란 표현이 더 어울리겠다—를 요청했다는 사실이다. 내 인생 가장 치욕스러웠던 순간이다. 그런 갖은 모욕을 겪고도 나는 제대로 된 반격도 한번 해 보지 못하고 그냥 우두커니 서 있었다. 재우가 먼저 떠나고 난 뒤 마침내 나는 내 감정이 격해지는 것을 피부로 느낄 수 있었다.

'아니 씨발, 내가 이렇게까지 해 여기서 살아야 되나?'

서서히 얼굴이 빨개지고 다리가 후들거리면서 내 감정은 극도의 흥분 상태로 올라갔다. 재우가 했던 말들이 마치 환청처럼 내 가슴속에 메아리치며 지금껏 참아 왔던 억눌림이 폭발했다.

'정 안 되면 그만두면 되는 거고, 내가 돈이 없는 것도 아니고, 그런 개수모를 당하면서까지 그 새끼한테 잘 보일 필요는 없잖아!'

갑작스런 폭발에 미처 대처하지 못한 나는 친구에게 전화를 걸어 하소연을 하며 이성을 되찾고자 했다. 그러나 돌아오는 건 "병신"이라는 말과 함께 지금은 이성 따위를 찾을 게 아니라 짓밟힌 자존심을 회복하는 것이라는 조언이었다. 늦었지만 감정에 따라 행동하기로 했다. 비록 내가 맞이하는 상황이 최악이라도 더 이상 내 감정을 외면하지 않기로 했다.

구걸하기까지

최악을 마주한 이상 그 집에 더 이상 머무르고 싶지 않았다. 버려진 건지, 내쳐진 건지도 모른 채 내 머릿 속엔 우선 여길 떠나야겠다는 마음만 가득했다. 나는 나가겠다고 통보를 하고 일주일의 시간을 요구했다. 재우는 당황했던지 한 번 더 의사를 물어봤지만 이번엔 내 의지가 확고했다. 재우는 나갈 거면 지금 당장 나가라고 했다. 나는 재우의 정신 나간 소리에 일일이 대꾸하며 연휴 기간엔 어떻게든 나갈 거라고 못을 박았다. 재우의 치졸한 공격이 계속해서 들어왔다. 지금까지 자신이 베풀었(다고 주장하는)던 수고로움을 비용으로 청구한다고 한 것이다. 공짜로 태워 준다며 약속까지 해 놨던 픽업비와, 자신이 대접해 준음식을 괴상하게 계산해 나에게 전달—신이시여, 정녕 제가 이런 놈하고 같이 이 집을 꾸려가겠다고 결정을 했단 말입니까?—했다. 더 이상 어떤 말도 섞기 싫었던 나는 그냥 돈을 주고서라도 이 상황을 벗어나는 데만 급급했다.

나간다고 큰소리를 치면서 내가 최후로 봐 두었던 장소는 공장 근처의 캐러밴 파크였다. 그곳에는 이미 많은 워홀러들이 터를 잡고 있었고 빅토와 울프가 지내는 장소이기도 했다. 다음 날 자전거를 타고 답사차 캐러밴 파크에 갔다. 먼저 차량 안의 캐러밴 숙소를 문의했다. 꽤비싼 가격인 것을 알고 있었지만 그래도 집다운 곳에서 머무는 게 중요할 것 같았다. 하지만 캐러밴은 이미 만실이었다. 내가 지낼 곳은 오직 텐트를 위해 남겨진 푸르른 잔디뿐이었다.

'아, 이 풀밭에 텐트를 치고 살아야 되는구나.'

최악이자 좌절 그 자체였다. 숙소와 너무나 극명하게 대비되는 삶이었다. 방 네 개, 거실, 주방, 화장실 두 개, 차고까지 있는 넓은 집에서 한순간에 텐트로 쫓겨나 노숙인이 된 셈이다. 현실이 될 것 같은 불안감에 서둘러 빅토와 울프에게 인사를 하고는 어떻게든 방을 구하겠다고 다짐했다. 다행히 공장 근처에는 제법 괜찮은 집들이 있었다. 나는 창피함을 무릅쓰고 집집마다 노크를 하면서 방이 있냐고 질문을, 아니 구걸을 했다. 차가운 냉대와 의심 가득한 눈초리를 받으며 나는 그렇게 필사적으로 지낼 곳을 찾아다녔다.

"Excuse me, I'm Dave. I'm from Korea. I just work in the factory around here. And I just wonder that you have room for me. Of course I can pay. And I have money."

"Excuse me, Sorry for disrupting, I'm just looking for the room where I stay. I'm from Korea. I stayed around here with korean friends. But I had problem with them. That's why I had to go out. And I just wonder that you have a room for me. Because I have to work around here. And I don't have any car. But I can pay for it. I have some money. Would you do that please?"

(실례합니다. 방해해서 죄송해요. 저는 지낼 방을 찾고 있습니다. 저는 한국에서 왔고 한국인 친구들과 근처에서 지내고 있었어요. 그런데 그들과 좀 문제가 생겨서 나오게 되었습니다. 혹시 저를 위한 방을 하나 제공해 주실 수 있는지 좀 알고 싶은데요. 왜냐하면 제가 이 근처에서 계속 일을 해야 하거든요. 제가 차가 없어서요. 비용은 지불할 수 있습니다. 혹시 그렇게 해 주실 수 있을까요?)

간절함이 통할 수 있는 문장으로 여러 차례 바꿔 가며 이 집 저 집 돌아다녔다. 그러나 돌아오는 건 비참함으로 얼룩진 상처였다. 어느덧 날이 어둑해졌다. 나에게는 이제 고작 하루 남짓한 시간만 남았다. 모든 걸 체념하고 현실을 받아들였다. 집으로 가는 길, 나는 평소 즐겨 마시던 보드카 한 병을 손에 쥐고 그 집에서의 마지막 밤을 맞이할 준비를 했다.

갑작스러운 오열

집 안에는 차가운 냉기만이 흐르고 있었다. 모두가 나를 피하는 것 같았고 이른 저녁의 거실 탁자엔 오직 나 혼자만 앉아 있었다. 술은 의외로 달콤했다. 나는 별다른 내색 없이 혼술을 하며 내 결정에 정당함을 부여했다. 주변 친구들의 만류와 중재가 있었지만 내 의지는 완강했다. 그 어떤 요구 조건도 수용할 수 없었고 그냥 전부 다 꼴도 보기 싫었다. 여기서 내가 믿고 의지할 수 있는 친구는 없어 보였다. 외로웠다. 혼자 고독한 싸움을 하는 것 같았고 이 상황도, 이렇게 된 이유도 전부 믿기지가 않았다.

목에 차오르는 감정을 술과 함께 들이켰다. 세어생들에게 여기까지 오게 된 상황에 대해 미안함을 느꼈고 이제 갓 들어온 친구들에게도 비참한 모습을 보여 주는 것이 창피했다. 취기가 올라올 무렵 바람을 쐬러 밖으로 나갔다. 그때 한국에서 친하게 지냈던 동생으로부터 전화가 왔다.

"형. 오랜만이에요."
"어, 그래."
"형, 잘 지냈어요?"
"…"

갑자기 설움이 폭발했다. 동생의 갑작스런 안부 전화에 그동안 억눌렸던 감정이 터져 버린 것이다. 한참을 울었다. 눈물, 콧물이 쏙 나올 정도로 내 감정을 연신 토해 내고 있었다. 영문도 모르는 동생은 그저 울고 있는 내 슬픔을 묵묵히 받아 주었다. 호주에서 느꼈던 지독한 외로움과 비참했던 순간들을 파노라마처럼 게우고 나서야 스트레스란 녀석을 뱉어 낼 수 있었다. 가슴에 진 응어리가 씻겨 내려가는 느낌을 받았다. 나는 동생에게 그간의 사정을 이야기한 후 잘 이겨 내겠노라는 다짐과 함께 그날의 사건을 마무리했다.

다행히 재우를 제외한 다른 셰어생들과는 떠나는 날까지 웃으면서 작별할 수 있었다. 동갑내기이며 누구보다 나를 걱정해 주었던 성훈이는 나를 위해 아침을 만들어 주었고 도윤이는 텐트 용품 구입하는 것을 도와주며 짐을 함께 실어다 주었다. 캐러반 파크에 도착하고 나는 현실을 마주하며 애써 웃음을 지었다. 이제부터는 주방, 욕실, 샤워실, 휴게실 등 모든 시설을 전부 공용으로 이용해야 했다. 텐트를 치는 것에도 어려움이 있었지만 주변의 외국인 친구들 덕분에 무사히 마칠 수 있었다. 날이 어둑해지고 배가 고파진 나는 저녁을 위해 주방으로 이동했다. 벌써 많은 친구들이 요리를 하고 있는 공용 주방은 시끌벅적했다. 모든 낯섦을 뒤로한 채 캐러밴의 일원이 되기 위한 준비를 해나갔다. 다시 정신을 차리고 캐러밴 친구들에게 인사를 건네며 그날의 저녁 식사를 함께 했다.

텐트 안으로 들어갔다. 3인용 사이즈의 내 텐트는 에어매트와 캐리어를 놓으면 꽉 차는 그런 협소한 공간이었다. 그래도 제법 푹신했다. 기분 탓일까? 에어매트를 침대와 비교할 순 없었지만 내가 느꼈던 건 분명 포근함이었다. 마치 야영장에 온 듯한 느낌이었다. 1박 2일이라면 기분 좋게 왔다고 이야기할 수 있을 만큼의 설렘이었다. 그러나 감상은 여기까지, 이제 이곳은 내가 살아야 할 집이다. 방수가 의심되는 이 천 쪼가리는 나의 벽이고 20불이 넘지 않는 에어매트는 나의 시몬스 침대다. 펼쳐놓은 캐리어 가방은 순식간에 옷장으로 변신했고 곳곳에 어지럽게 풀어 헤친 잡동사니들은 서랍의 역할을 했다. 텐트 생활. 오늘이 그 첫 번째 날이었다!

IV

캐러밴 파크,
텐트가 내 집

1
사고의 전환

맥도날드, 나의 전용 도서관

텐트에 와서 얼마 동안은 차마 부모님에게 안부 전화를 드리질 못했다. 그래도 매주 한 번씩은 생활 소식을 전해 드리며 일상을 공유했었는데 이번만큼은 도저히 할 엄두가 나지 않았다. 나는 일상의 여유를 만들어 놓는 것이 급선무라고 여겨 정착 후 가장 먼저 나만의 장소를 찾는 데 노력했다. 한인 셰어 하우스에서 지냈을 때는 도서관에서 영어 독서를 하며 휴식의 대부분을 그곳에서 보냈다. 그러나 여기서는 너무 멀기 때문에 다른 장소를 알아봐야 했다. 캐러밴 내의 공용 주방에도 있어 보고 세탁실—소파가 있다—에서 쉬어 보기도 했지만 역부족이었다. 나는 어떻게든 혼자 집중할 수 있는 공간을 찾아다녔다. 적어도 듣고 싶은 음악을 조용히 들으면서 외부로부터 방해받지 않는 공간이 필요했다.

텐트에 오기 전까지 후회스러운 일이 있다면 자동차를 사지 않았던 것인데, 내 워홀 인생에서 패착이었다고 감히 이야기할 수 있을 것 같다. 차만 있었더라면 내 일상 전체가 분명 달라질 수도 있었을 텐데, 그놈의 장롱면허 때문에 차를 사려는 시도조차 못 해 본 것이 이 모든 고생의 원흉이 돼 버렸다. 그나마 다행인 점은, 자동차 대신 자전거를 구입한 것이다. 텐트에 오면서 가장 의지했던 이동 수단이 바로 자전거였다. 이 곳 캐러밴 파크에서 마트와의 거리는 무려 4~5킬로미터에 달했다. 또 빨래라도 하려면 현금이 필요한데 그 현금을 인출하는 ATM 기기마저 마트에 있었다. 그때마다 자전거는 내 손과 발이 돼 주면서 정말 든든한 친구 같은 역할을 해 주었다. 도난도 당하고 타이어 펑크, 핸들을 조이는 나사마저 수시로 빠지는 등 운도 지지리 없었지만 그래도 나한테는 그놈이 승용차 못지않은 역할을 했다. 한번은 자전거를 타고 마트 주변을 서성거리다 정말 생각지도 못한 곳에서 나만의 엘도라도를 발견했다. 맥도날드였다. 그곳을 자주 이용하게 된 계기를 한마디로 표현하자면 글쎄… 어렵다. 내가 처한 상황을 이곳이 묘하게 보완해 주었다. 당시 내가 텐트에 살 때는 겨울이 끝나 가고—한국과 정반대 계절이다—서서히 더워지고 있었다. 캐러밴 파크의 공용 공간에는 그 어디에도 에어컨이 없기 때문에 호주의 더위를 피할 방법이 없었다. 그래서 장도 볼 겸 뜨거운 열기를 피해 보고자 마트에 가게 되었고 주변에 맥도날드가 있길래 구경 삼아 한번 들러 봤다. 그런데 이게 웬걸? 생각보다 넓은 평수와 쾌적한 환경에 무척 놀랐다. 그러면서 내 머릿속에 무언가 찌릿함이 느껴졌다.

'어라? 어쩌면 여기를 도서관처럼 이용해도 되겠는데?'

넓찍한 공간과 빵빵한 에어컨, 그리고 자리마다 놓여져 있는 충전 단자. 글로만 설명하자면 맥도날드와 도서관이 구분이 되겠는가? 여기다 오전 일찍 문을 열고 오후 늦게 닫는 운영 시간은 도서관보다 훨씬 더 길었다. 내가 언제든지 가도 그곳은 항상 열려 있다는 의미였다. 더 이상의 장소 고민은 사치였다. 나는 시간 날 때마다 매일 그곳에 들러 책을 읽고 노트북을 하면서 제2의 도서관으로 만들었다. 아니, 도서관으로 인식해 버렸다. 다만 그곳에 갈 때마다 얼굴에 철판을 깔아야 했던 이유는, 주로 주문한 음식이 기껏해야 콜라 아니면 커피였기 때문—너무 눈치가 보일 때는 맥너겟 셋트를 시키기도 했다—이다. 5달러가 되지 않는 금액으로 장소를 대여한 것이나 다름없었다. 물론 거기엔 그만큼 친절한 맥도날드 직원들이 있었기에 가능했다. 단 한 번도 면박을 준 적이 없었고 매일 와도 항상 같은 미소로 나를 반겨 주었다. 호주에서 감동받았던 추억 중의 하나다.

개인주의 문화

텐트에 오면서 느꼈던 초라함은 오로지 나만 가졌던 감정이었던 것 같다. 그곳에 있는 누구도 내 텐트 생활에 간섭하지 않았고 왜 여기서 지내는지 이유도 묻지 않았다. 오직 한 명, 빅토만이 어쩌다가 한인 셰어 하우스에서 나오게 되었는지를 물을 뿐이었다.

캐러밴 파크의 텐트촌은 말 그대로 수십여 개의 텐트로 둘러싸인 워홀러들의 모임이었다. 그들은 텐트 생활을 즐기고 있었고 웃통 벗고 맨발로 돌아다니는 것에 매우 익숙해져 있었다. 어떤 친구는 8인용 텐트를 설치해 텐트 안에 거실을 따로 만들기도 했다. 누가 보면 집이라고 여겨도 무방할 정도로 그들은 그들 나름대로의 텐트를 개성적으로 꾸미는 데 열정적이었다. 텐트의 자리값은 캐러밴 숙소의 3분의 1이 채 되지 않을 정도로 저렴했다. 그곳에는 남자들만 지내는 것도 아니었다. 많은 젊은 여성 친구들도 텐트에서 생활했으며 심지어 어떤 친구들은 낡은 봉고 차량을 캠핑카로 개조해 이용하기도 했다. 그런 모습들이 나에게는 문화 충격으로 다가왔다. 어쩌면 갇혀 살고 있었다는 느낌마저 들게 할 정도의 인상 깊은 장면이었다. 한인 셰어 하우스에 계속 살았다면 결코 보지도, 느끼지도 못했을 새로운 경험이었다.

한번 상상해 보자. 일고여덟 명의 한국인들이 한국 음식만 해 먹으며 모든 문화를 한국적으로 공유한다면, 그곳은 호주가 아닌 한국이다. 우리는 호주까지 와서 영어 스피킹에 목매고, 매번 주급이 주는 행복만 바라보는, 그냥 일하는 노예였다. 한인 셰어 하우스에 살면서 우리들의 인맥은 어디까지나 한국인이었다. 비록 나는 필사적인 노력 끝에 몇몇 의미 있는 외국인 친구를 만들 수 있었지만 그곳에 있는 친구들의 인맥이란 오로지 그들 내부에서 존재했다.

텐트 생활과 더위가 불편할 뿐 관계의 자유는 이전보다 훨씬 높아졌다. 외국인 친구를 갈망했던 나에게 그곳은 그냥 이방인들의 천국이었던 것이다. 영어 잘하는 친구, 영어 못하는 친구, 영어를 조금만 할 줄 아는 친구 등 모두가 어쨌거나 생활의 기본 언어는 영어였다. 뿐만 아니라 원한다면 제2외국어도 배울 수 있었다. 마음만 먹는다면 프랑스어, 독일어, 스페인어, 이탈리아어 등 여러 나라의 언어를 그곳에서 배울 수도 있었다. 그러나 정작 내가 여기서 얻었던 건 언어뿐만이 아니었다. 그건 기본적으로 서양인들의 몸에 배어 있는 문화, 즉 '개인주의'였다.

그들에게 있어 개인주의란 오직 '너'와 '나' 그 이상도 이하도 아니었다. 그냥 다가가면 친해지는 거고 다가가지 않아도 서로가 어색해 하지 않았다. 갑자기 와서 진지한 이야기를 꺼낼 때는 카운슬러 역할을 했다가 장난을 칠 때는 그저 유쾌한 친구였다. 서로에게 무언가를 강요하는 일도 없었고, 베풀 때 역시 대가를 바라지 않았다. 내 눈에 보기에 이기적인 친구들은 없었다.

그들과 어울리면서도 영어 독서를 꾸준히 했다. 함께 일이 끝나 공동 주방으로 모여 밥을 먹고 수다를 떨다가 재미없으면 영어 책을 읽기도 하고, 어쩔 때는 그들의 수다 속에 미드를 보며 혼자 동떨어진 행동을 한 적도 많았다. 그러나 그들은 이런 나를 개의치 않아 했고 이상하게 생각하지 않았다. 또한 나와 달리 그들이 호주에 온 목적은 영어가 아니었다. 물어보면 대부분 '돈을 벌기 위해', '여행하고 싶어서', '젊을 때의 추억을 즐기기 위해서'라는 답변이 주를 이뤘을 뿐, 단 한 번도 영어를 배우기 위해 이곳에 왔다는 서양인을 본 적이 없었다. 치열하다는 느낌보다는 느긋할 정도로 여유로운 모습을 보여 줬으며, 매번 받는 주급에 크게 일희일비하는 모습은 볼 수 없었다. 자발적 가난함, 그리고 그것을 당당하게 실천하는 모습이 인상적이었다. 이곳에서 내가 느꼈던 개인주의는 이랬다. '가는 친구 붙잡지 않고 오는 친구는 내치지 않는다.' 캐러밴 파크에서의 삶이 딱 그랬다. 서로가 억지로 뭘 하려 하지 않고 그냥 물 흐르는 듯한 관계로 지냈다. 그게 좋았다.

헬로톡이 이어 준 랜선 로맨스

'헬로톡Hello talk'은 외국인 랜덤 채팅 어플이다. 처음에 내가 그 앱을 사용한 건 단순히 영어 작문을 향상시키기 위한 목적에서였다. 거기에 버벅거리는 스피킹의 한계에서 벗어나고 영어 원서에 나오는 문장들을 나도 한번 활용해 보고 싶었다. 왜, 미드에서나 나올 법한 문장들 있지 않은가? 들어는 봤지만 결코 써먹을 리 없는 표현들. 그런 어휘력을 갖추고 싶었다. 수많은 "Hello.", "How are you?"를 연발한 끝에 세 명의 친구와 제법 길게 연락을 주고받았다. 주로 나눴던 대화는 서로의 일상을 보고하는 정도였으며 대부분의 시간을 원서 독서로 보낸 나는 읽은 부분에 대한 이야기를 많이—덕분에 영어 책을 읽고 영어로 요약하는 스킬이 향상됐다—했다. 나중에는 한인 셰어 하우스에서 쫓겨난 순간, 텐트에서 개구리 울음소리를 ASMR로 들으며 잠을 청해야 했던 에피소드 등을 쏟아 냈다. 그 밖에 공장에서 내 보직이 더 험난한 쪽으로 변경돼 화났던 순간까지 생생하게 전달하는 등 랜선 친구들과의 관계에도 나름 재미를 붙였다.

채팅을 하던 세 명의 친구 중에는 '신디Cindy'라는 이름을 가진 미국계 여성 친구가 있었다. 나와 동갑이었던 그 친구는 한국어에 관심이 많았으며 BTS 지민의 광팬이었다. 사실 채팅을 하며 반응이 가장 활발했던 친구가 바로 신디였다. 일상적인 인사 외에도 적극적으로 자신의 하루를 공유해 주었으며 내년에 한국에 방문할 구체적인 계획도 일러 주었다. 나 역시 이에 질세라 오게 되면 가이드가 돼 서울 전역을 구경시켜 주겠다고 이야기했다. 한발 더 나아가서는 나도 미국에 갈 계획이 있으며, 가게 되면 여기저기 안내해 달라고 하는 등 우리는 채팅을 통해 급속히 친해졌다. 한인 셰어 하우스에서 쫓겨나 텐트에서 적응해 가던 어느 날 우울한 마음에 술을 마시며 신디와 채팅을 주고받고 있었다. 별다른 내용은 없었고, 그냥 이런 안 좋은 환경에서 어떻게든 지내다 보면 나에게도 좋은 날이 오겠지, 하며 애써 밝은 모습을 보여 주며 대화를 이어 나갔다. 그런데 갑자기 신디가 나에게 선물을 보내 주고 싶다며 주소를 알려 달라고 하는 것이 아닌가. 처음에 나는 괜찮다고 이야기하며 마음만으로도 고맙다는 말을 건넸다. 그러자 신디는 어떻게든 도움이 되고 싶다며 거의 사정에 가까운 식으로 말을 하는데 그 모습에 나는 조금 울컥함을 느꼈다. 나중에는 다음에 읽을 영어 책을 대신 결제해 주겠다는 말과 함께 책 구입 인증 사진까지 보내 주었다. 나를 위해 진심으로 걱정하는 그녀의 마음이 느껴졌다. 혼자서 공용 주방에 앉아 술을 마시며 저 먼 대륙에 있는 온라인 친구로부터 위로를 받는데 이상하게 외로움만 더 쌓여 갔다. 결국 나도 모르게 좋아한다고 고백을 해 버렸고, 그 친구는 당황해 어쩔 줄 몰라 했다. 나는 폭풍 채팅—술 취하면 말만 잘하게 되는 게 아니더라, 쓰기도 향상되더라—을 통해 어떤 감정을 느꼈고, 네가 얼마나 고마운 존재인지를 이야기하며 그녀의 답을 기다렸다. 다음 날이 되고 솔직히 창피했지만 그래도 마음은 진심이었기에 다시 한번—이번엔 제정신에—그 친구에게 호감을 전했다. 어떤 식의 고백이었는지는 너무 창피해 글로 담기에는 한계가 있는 점을 양해 바란다.

어쨌든 랜선이었지만 신디가 내 마음을 받아 주었다. 이후에 우리는 좀 더 가까운 사이가 되어 더욱 자세한 일상을 공유했고 좀 더 실험적인 애정 표현을 시도했다. 어느 날은 내가 초라한 텐트 사진을 보내 주자 신디가 얼굴 사진을 보내 달라고 요청했고, 나는 어떻게든 포장한 내 셀카 사진을 보내 주었다. 맛없게 끓인 라면도 인스타 감성을 듬뿍 담아 보내 주기도 했다. 전화는 물론이거니와 목소리를 녹음해 편지 형식으로 전달하는 이벤트도 했으며 손 편지를 사진 찍어 보내 주는 등 아주 생쇼를 다 했던 것 같다.

그래도 신디에게 정을 줄 수 있어서 힘들었던 텐트생활을 버텨 나갈 수 있었던 것 같다. 누군가 나를 진심으로 걱정해 주는 친구가 있다는 사실만으로도 행복했으니까.

캐러밴 파크 파티

일을 마치고 꿀맛 같은 휴일이 찾아왔다. 공용 주방에서 식사를 마친 나는 맥도날드 도서관으로 나갈 채비를 하며 이런저런 짐을 챙기고 있었다. 자전거 상태를 점검하며 머리에 헬멧을 쓰려는 찰나 멀대같이 키가 큰 프랑스 친구가 내게 말을 걸어왔다.

"굿모닝, 데이브, 오늘도 맥도날드 가는 거야?"

"응. 거기가 내 휴식처야. 가서 책 읽어야지."

"너도 대단하다. 참, 이따가 여기서 다 같이 파티 할 건데 너도 올 거지?"

"아, 그래? 언제 하는데?"

"이따 오후에 할 거야. 오늘 우리 친구들이 요리할 거거든."

"오? 대박이네. 그럼 내가 따로 준비할 거 있어?"

"네가 마실 술이랑, 공유할 음식만 가져와. 같이 놀자."

"그래, 알았어!"

안 그래도 책 읽는 것 말고는 별다른 계획이 없어 심심했던 찰나였다. 모처럼의 반가운 제안에 나는 흔쾌히 동의를 하고 기분 좋게 맥도날드로 가 그날의 독서 분량을 알차게 채워나갔다.

사실 캐러밴 파티가 어떨지 크게 기대하지는 않았다. (한 공장에서 일하기 때문에)애들끼리는 워낙 친하다 보니 여기서는 음식 자체를 공유하는 게 그리 어색하지 않아서였다. 다양한 국적이 섞여 있다 보니 각 나라별 친구들끼리 그룹으로 모일 거라고 생각했다. 예전 백패커에서 봐 왔던 것처럼 소수의 인싸들 사이에 다수의 아싸들이 섞일 것이라고 예상했다. 비록 제안은 받았지만 솔직히 조금은 겁이 났다. 이제 나름 1년 차고 영어도 어느 정도 할 수 있었지만 괜히 예전 백패커에서 느꼈던 소외감이 들지는 않을까 하는 걱정 때문이었다. 캐러밴 파크에서 아시아 사람은 나밖에 없었다. 인종에 대한 차별이 전혀 없다지만 반대로 나 역시 특별히 기대는 친구가 없었기에 적극적으로 나서지 않는다면 예전의 비슷한 상황은 얼마든지 연출될 수 있었다.

같이 공유할 음식을 위해 무엇을 준비할까 하다 맥너겟을 가져가기로 했다. 정말 할 줄 아는 음식이라곤 라면과 밥이 전부였기에 다 같이 어울려 먹을 수 있는 치킨이 그나마 나아보였다. 여기에 울월스용 치킨—그냥 오븐에 구운 싸구려 통닭이다—과 빠른 취기에 도움을 주는—그래야 쉽게 나댈 것 같아서…—스미노프 보드카 한 병, 입가심용 맥주를 사 들고 캐러밴 파티에 참석했다.

도착하니 캐러밴 파크의 공용 주방은 이미 난리 법석이었다. 프랑스 친구들뿐만 아니라 독일, 이탈리아 친구들 등 많은 사람들이 각자의 요리를 분주히 준비하고 있는 것 아닌가. 물론 메인은 프랑스 요리였다. 아까 그 멀대 친구를 포함한 프랑스 친구들의 이전 직업이 바로 세프였다. 자리에 앉은 나는 일단 스미노프 석 잔을 연거푸 들이켰다. 그리고 가져온 맥너겟과 치킨, 기존에 있었던 과자 등을 셋팅하며 내가 앉을 자리를 여기저기 둘러봤다. 그때 피자를 만들고 있던 울프가 나에게 피자 한 조각을 건네줬다.

"헤이 데이브(나를 부르는 울프의 목소리가 이미 맛이 갔다). 내가 만든 피자야. 한번 잡숴 봐."
"이야. 쥑이네. 이걸 네가 만들었다고?"
"그럼. 독일산 피자야. 내가 요리를 좀 하거든."
"(나이도 어린 놈이 요리는 잘하네!)울프 짱이네. 굿, 굿, 베리 나이스."

이때 샘(프랑스 친구)이 온갖 호들갑을 떨며 엄청난 양의 리조또를 식탁에 선보였다. 그러자 주방 안의 사람들은 환호성을 질렀고 각자의 접시에 먹을 만큼 담았다. 그 밖에 다양한 음식들이 추가로 야외 식탁에 올려지며 우리는 자리에 앉아 각자가 준비한 음식과 술을 공유하며 이야기꽃을 피워 갔다.

캬! 역시 양주란 말이던가. 40도가 넘는 술을 소주처럼 마셔대니 입이 모터가 되어 돌아가고 있었다. 내 옆에는 칠레 출신의 '산티아고'가 있었다. 그는 브라질에서 휴대폰과 지갑을 모두 털린 경험을 통해 브라질이 엄청 위험한 동네라는 것을 말해 주며 절대로 여행하지 말라고 일러 주었다. 여기에 나는 시드니에 오자마자 한 달도 채 안 돼 지갑과 여권을 잃어버려 큰일 날 뻔했던 경험을 이야기해 주며 우리는 금방 베프가 된 것 마냥 서로의 에피소드를 끊임없이 생산해 냈다.

신나는 음악과 분위기가 한껏 무르익을 즈음에 한 친구가 단체 사진을 제안했다. 이게 빠지면 서운하지! 나는 적극 참여하고는 사진을 찍은 친구에게 사진을 보내 달라고 요청했다. 그렇게 호주에서 내 인생 샷을 건질 수 있었다.

파티는 늦은 밤이 되어서야 끝이 났다고 한다. 중간에 머리가 어지러웠던 나는 사진을 찍고 얼마 안 있어 바로 뻗어 버렸다. 그 사건 이후 캐러밴 주인장은 우리에게 경고를 했다. 한 번 더 이렇게 시끄럽게 떠든다면 쫓겨날 수도 있다는 무시무시한 경고였다. 거참. 청춘들이 모여 좀 놀 수도 있는 거지. 야박한 주인장의 말에 시무룩하기도 했지만 우리는 곧 언제 그랬냐는 듯 몰래몰래 알차게 놀았다.

어쩌면 그때가 내 황금기였을지도

8월쯤에 텐트에 와서 그곳에 있는 워홀러 친구들이 떠나기까지(11월 무렵) 3~4개월 동안 정말 잊지 못할 시간을 보냈다. 다같이 허술한 텐트에서 지내고 빌어먹을 주방을 욕하고 점점 뜨거워지는 무더위의 기승에 스트레스도 받았지만 여전히 우린 웃었고 자주 어울렸다. 특히 비라도 오는 날에는 모두가 초조해하면서 서로가 서로의 텐트를 걱정해 주는 등 캐러밴 파크 내의 유대감은 커져 갔다. 혼자 그렇게 맥도날드를 다녀오는 행동을 취했음에도 파티라도 있는 날에는 항상 나를 챙겨 주려는 친구들이 정말 고마웠다. 혹시 내가 참여를 못 하면 서운한 표정을 지으며 다음엔 꼭 같이 놀러 가자는 이야기도 빼놓지 않았다. 정말 그땐 영어 책에 푹 빠져 있었을 때라 만사가 다 귀찮았던 시절이었다. 그럼에도 그들은 매번 나를 배려해 주었고 나는 종종 파티에 참여해 그들이 해 주는 음식을 먹으면서 많은 추억을 만들 수 있었다(세탁기에 코인을 넣지 않고도 빨래를 돌릴 수 있는 팁까지 공유받았다).

어느새 내 에어매트는 침대 매트리스로 바뀌어 있었다. 그들 중 일부가 떠나면서 나에게 매트리스를 선물로 준 것이다. 버리기 귀찮아서 주었을 테지만 아직도 침대 매트리스에서 잤을 때의 그 푹신함을 잊을 수가 없다. 나는 가족에게 종종 내 텐트를 보내 주곤 했는데 그때마다 '호텔'이라는 표현을 썼다. 방에 침대가 있는데 당연히 호텔이지. 안 그런가?

계절이 어느덧 본격적인 여름으로 진입—호주는 계절이 한국과 반대여서 내가 온 8월은 이미 겨울이었다. 그리고 봄은 대체로 짧아 거의 느끼지 못할 정도다—하고 있었다. 호주의 겨울은 일교차가 제법 심해 낮에는 덥고—겨울인데도 덥다!—밤에는 춥다. 텐트에서 처음 지냈을 때는 온몸을 방한 도구로 무장했었는데 어느 순간부터 웃통을 벗은 채 잠을 잤다. 그땐 몰랐다. 호주의 여름이 이처럼 사나울지는….

2
불굴의 의지

아찔했던 맥카이의 여름

"우와, 정말 너무 덥다. 진짜 미쳐 버리겠다!"

텐트에서 지내는 불편함은 잊은 지 오래였다. 안에서 영화를 보거나 인터넷을 하는 것도 어색하지 않았다. 그러나 안락하다고 느껴졌던 텐트에서의 삶은 더위가 오면서 찜질방으로 바뀌었다. 호주, 특히 맥카이에서 맞는 더위가 정말 죽을 만큼 괴로웠다. 여름이 다가오면서 가장 먼저 피부로 느낀 변화는 아침의 기온이었다. 8~9월까지는 그나마 오전 10시까지 텐트에서 잘 수 있었지만 여름이 가까이 오고 온도가 상승하자 내 기상 시간도 점점 빨라졌다. 안 그래도 일 끝나고 텐트에 오면 새벽 2시가 넘었기 때문에 빨리 자 봐야 3~4시였다. 기껏해야 대여섯 시간밖에 자지 못했는데 여름의 무더위는 그것마저 허락하지 않았다.

아침의 온도가 상승하자 밤의 기온도 이에 질세라 매섭게 올라갔다. 샤워 후 바로 누울 수가 없어 술을 먹는 일이 다반사였다. 술에 의지해 잠을 자는 것이 낫겠다는 판단이었다. 그냥 취해 버리면 쉽게 잠들 것이고, 그러면 숙면도 가능할 거라 생각했다. 그러나 결과는 똑같았다. 오히려 술도 안 깼는데 오장의 열기와 더위 때문에 깨는 경우만 빈번해졌다. 하루는 양주 반병을 마시고 새벽 4시가 되어서야 잠이 든 적이 있었다. 38도짜리 술을 반병이나 먹었으니 그건 자기 위한 것이라기보단 그냥 기절하고 싶어서 마신 건지도 모르겠다. 그리고 나는 아침 7시에 강제 기상 했다. 7시라니! 정말 말도 안 되는 시간에 일어나 버린 것이다. 머리는 깨질 듯이 아팠고 눈은 좀비가 된 것 마냥 풀려 있었다. 억지로 잠을 청해 보려 했지만 텐트를 뚫고 들어오는 햇빛의 열기에 피부마저 뜨거움을 느꼈다. 울고 싶을 만큼 피곤했다. 결국 밖에 나와 서성거리다 공용 주방에 있는 소파에 가서 누워 버렸다. 그나마 그곳엔 선풍기—어쩌면 환풍기를 내가 잘못 본 걸지도…—가 돌아가고 있었다. 나는 조금은 시원해졌다는 믿음을 가슴에 품은 채 다시 잠을 청했다.

이런 불볕더위에 맞선 내 전략은 조금이라도 빨리 맥도날드에 가는 거였다. 급변하는 기상 시간만큼이나 맥도날드로 도망치는 시간은 점점 당겨졌다.

파란 천,
어쩌면 그건 내 마음을 대변했을지도

모처럼 기분 좋게 일어난 아침이었다. 날씨는 우중충했지만 바람이 솔솔 부는 그런 날이었다. 공용 주방에서 룰루랄라 요리를 하며 그날 할 일을 계획하고 있었다. 그때 한 프랑스 친구가 불안한 소식으로 아침 인사를 대신했다.

"좋은 아침, 데이브! 너 그런데 텐트 망가졌더라!"

"망가졌다고? 뭐가?"

"네 텐트 말이야. 똥 싼 것처럼 무너져 내렸던데. 한번 확인해 봐. 가서 고쳐야 될걸?"

"그래? 확인해 볼게."

아! 이게 도대체 몇 번째냐!

또 한 번 텐트를 덮어 주고 있던 파란 천이 주저앉아 버렸다. 그 천은 햇볕이 내리쬐는 열기를 조금이나 막아 보고자 설치했던 건데 효과가 크지 않았다. 다행히 바람에 텐트가 흔들리지 않도록 버텨 주는 역할은 그나마 수행했다. 그러나 바람이 세게 불 때면 이 천을 고정하던 지지대가 심하게 흔들거렸다. 아무리 끈을 꽉 조이고 펙(핀)을 깊게 박아도 강풍에는 속수무책이었다. 한번은 비가 오는 날에 천이 주저앉아 안에 보관했던 짐마저 젖어 버리는 일이 발생했다. 신발이 젖는 것은 두말할 것도 없었고 그냥 그날은 하루 종일 우울 모드였다. 파란 천이 흔들거릴 때마다 나는 자꾸 그 천에 내 감정을 대입시켰다. 이 천은 무너져 내릴 때마다 바로 세워 줘야 하는데 그럴 때면 마치 약해져 가는 내 의지를 보는 듯했다. 매번 흔들거리고 고치기를 반복했지만 나에게는 없어서는 안 될 그 이상의 방패막이었다.

텐트에 지내면서 또 한 번 불미스러운 일을 겪은 적이 있었다. 그동안 써 왔던 노트북을 도난당한 것이다. 주방 옆에는 문 하나를 사이에 두고 휴게실이 있는데 나는 그곳에서 자주 독서를 하고 여가 시간을 보내곤 했다. 그날 배가 출출해 휴게실에 노트북을 놓고 바로 옆 주방에 라면을 끓이러 갔을 때였다. 갑자기 뭔가 '사샤샥' 소리가 들리긴 했지만 나는 설마하는 마음으로 굳이 옆 방을 확인하지 않았다(대여섯 걸음만으로도 충분히 확인이 가능했던 터라 누가 뭘 할 수 없다고 생각했기 때문이다). 그런데 준비된 라면을 가지고 휴게실에 간 순간 나는 황당했다. 충전 중이었던 노트북 어댑터만 덩그러니 놓여 있고, 노트북만 사라져 버린 것이다. 눈물이 날 만큼 당황스러웠다. 노트북 안에는 각종 아이디와 비밀번호, 심지어 호주에서 쓰는 카드의 비밀번호까지 모두 저장되어 있었다. 잠금을 걸어 놨기 때문에 개인정보 유출의 위험은 없었지만 호주에서 많은 시간을 함께한 노트북을 도난당한 허탈감은 말로 표현할 수조차 없었다. 나는 재빨리 캐러밴 관리자에게 연락을 취한 후 상황 설명을 하고 CCTV를 확보했다. 곧이어 내 보물을 훔쳐 간 놈의 면상을 두 눈으로 확인할 수 있었고 기필코 범인을 잡겠다는 다짐하에 경찰에 신고했다. 하지만 그저 그놈이 다시 오기를 기다려 보자는 경찰의 뜨뜻미지근한 태도에 내가 가졌던 바람은 이내 곧 허탈감으로 바뀌어 버렸다. 절도범의 면상도 선명히 찍혔고 그가 차를 타고 달아났다는 것도 알고 있었지만 나는 그를 놓아줄 수 밖에 없었다. 그렇게 추적은 단념되었다.

사실 '분실 사건'에 대해 이야기하면 나만큼 덤벙대는 놈도 없을 것이다. 시작은 시드니에 도착해 2~3주 만에 잃어버린 고가의 선글라스였다. 이후에 하우스키퍼 면접을 볼 즈음에는 지갑을 한인 마켓에 떨어뜨린 바람에 졸지에 국제 고아가 될 뻔도 했었다. 다행히 그때는 마켓 직원이 지갑에 있는 신분증을 확인, SNS로 연락을 해 온 기적 같은 상황이 연출돼 구사일생했다. 맥카이에 와서는 누가 내 자전거를—심지어 잠금장치까지 되어 있던 것을—가져가질 않나, 쇼핑센터에서 가방을 놓고 온 바람에 킨들과 여권—이외에 영어 독서를 위해 공부했던 노트도—을 잃어버리는 대참사가 발생하기도 했다. 특히 가방을 잃어버렸을 때는 정말이지 다이나믹한 하루를 보냈다. 쇼핑센터 보안원에게 가서 CCTV도 요구해 보고 경찰서에 가서 분실 신고도 했다. 나중에는 결근까지 해 가며 다시 한번 쇼핑센터 곳곳을 뒤졌지만 어디서도 가방의 흔적을 찾지 못했다. 킨들이나 노트북은 사면 그만이었지만 이때 잃어버린 여권은 훗날 아주 값비싼 대가를 치르게 되는 도화선이 되기도—망할 여권으로 인해 호주에서 받을 수 있는 100만 원의 조기 환급을 포기—했다.

그럼에도 어떻게든 살아 보고자 갖은 노력을 다했던 것 같다. 거기서 포기할 내가 아니었기에 반드시 어떤 발자취를 남기고자 참 열심히 살려고 했다. 그런데 내 인생에 또 한 번의 큰 시련이 나를 기다리고 있었다.

태풍, 정말이지 너란 녀석은…

무더위가 어느 정도 잠잠해져 안도의 한숨을 돌릴 찰나, 정말 생각지도 못한 녀석이 찾아왔다. 태풍이었다.

태풍 vs 텐트라…. 이미 내 표정은 충분히 일그러져 있었고 망했다는 생각밖에 들지 않았다. 사실 태풍이 오기 전 캐러밴으로 옮길 기회가 몇 차례 있었다. 그런데 차마 옮기지 못했던 것은, 워낙 저렴했던 텐트 자릿세에 익숙해져 있었고 캐러밴에 와이파이가 제대로 터지지 않는다는 이유였다. 또 덧붙이자면 어차피 이제 오래 머무르지 않을 계획이기도 했다. 공장에서 일한 지도 벌써 10개월이 다 되었고 남아 있는 기간은 기껏해야 한두 달 정도가 고작이었다. 아무튼 나는 다가올 태풍에 대한 전투태세를 갖추기 시작했다. 텐트의 내·외관을 꼼꼼히 정비하고 물이 샐 만한 곳을 버려진 이불로 차단하며 개미 새끼 한 마리도 들어오지 못하도록 막아 버렸다. 텐트 위에는 파란 천으로 또 한 번 덮어놔 이중 삼중으로 완벽하게 방수했다. 누가 봐도 완벽한 방수를 자랑했다. 바람이 세게 불고 비가 많이 와도 내 텐트는 땅에 뿌리를 박은 듯 흔들리지 않는 안전함을 자랑했다. 그때 나는 선선해진 날씨 탓에 아침잠도 늘었다. 그러나 태풍을 동반한 장마는 하염없이 폭우를 쏟아 냈다. 마치 내 텐트만 사정없이 패 대는 느낌이었다. 연일 지속된 장마로 머금은 습기에 텐트는 점점 한계를 드러냈다. 텐트의 바닥 부분은 끊임없이 밀려오는 물줄기에 지쳤는지 조금씩 눅눅해져 어느새 가장자리 부분은 축축해지고 있었다. 그 여파로 침대 매트리스가 서서히 오염되기 시작했고 결국 나는 잠을 자는데도 찝찝한 느낌을 지울 수가 없어 매일 밤마다 비명을 질러 댔다.

태풍과 티격태격하다 보니 캐러밴 파크에서 내 위치가 거의 왕초(거지라기보단 지낸 기간이…)급으로 올라갔다. 이미 '맥도날드 맨'으로 불리고 있었던 나는 공용 휴게실의 소파나 세탁실에서 잠을 자도 누가 크게 터치하는 사람이 없었다. 장마철은 단순히 잠을 방해하는 것뿐만 아니라 거의 모든 생활 자체를 불편하게 만들었다. 특히 음식을 사러 마트에 갈 때가 최악이었다. 우비를 입었지만 라면, 스팸, 참치 등을 가방에 넣으면 우비가 가려 줄 공간이 꽉 찼고 쏟아지는 비에 세수를 당하는 일이 부지기수였다. 선반 보관함에는 먹을 게 없고 거기에 비가 오는 날은 강한 회의감이 밀려왔다.

장마철엔 샤워를 하고 난 뒤 기분 좋게 쉴 수 있는 공간이 없었다. 습기와 단짝이 된 텐트에는 그냥 들어가기가 싫었고, 기껏 해야 공용 휴게실에서 영어 책이나 읽으며 하루를 보내는 게 고작이었다. 그런 날들을 겪으며 어느덧 캐러밴 파크에서 텐트 생활을 하는 이가 '나'뿐이라는 것을 알았다. 과거에는 많은 워홀러 친구들과 텐트에서 웃고 즐겼는데 어느새 다들 떠났고 새로 온 이들은 캐러밴으로 이동한 터였다. 장마를 겪으며 눅눅한 텐트에서 자고 열 시간이 넘도록 공장에서 일을 하면서도 나는 오로지 정신력 하나로 버텼다. 부서져 가는 멘탈을 고쳐 잡으며 '반드시 이걸 추억이란 값진 경험으로 되돌려 주마'라고 스스로에게 주문을 걸었다. 갑자기 떠오르는 기억이 하나 있다. 텐트 생활 초기, 처음 빗소리를 들었을 때 그게 곧 낭만으로 다가왔던 적이 있었다. 추적추적 내리는 빗소리에 눈을 감으니 모든 피로가 가라앉은 느낌이었다. 그러나 익숙해지고 불편함으로 느껴질 무렵 이제는 빗소리 자체가 나에게 공해였다. 툭하면 개구리 울음소리에 새벽에 차들이 지나가는 소리는 또 어찌나 크던지…. 어느 순간부터는 헤드셋을 써야지만 잠을 청할 수 있었다. 아무튼 장마는 그렇게 내 잠자리 감성마저 빼앗고 말았다.

피터슨이 준 교훈

10년치 불행은 다 몰려들었다고 생각했다. 공장에서 월급을 받는 것을 제외하곤 좋아 보이는 게 없는 삶—밥을 먹으러 공용 주방에 갔었는데 쥐 새끼 한 마리가 내 수프 봉지를 뜯어 먹은 장면을 봤을 때는 진짜 이 삶을 어찌해야 하나 싶었다—이었다. 그래도 그 수많은 악조건을 버티는 데 가장 큰 도움을 준 것은 바로 독서였다. 영어 책을 읽고 그 안에서 위로와 공감을 받으면서 무너지는 자존감을 되찾을 수 있었다.

내가 영어 책을 읽으면서 자존감을 회복할 수 있었던 이유는 온전한 취미로서 독서를 즐겼기 때문이다. 공장에 있는 많은 워홀러들이 이 어려운 시기를 버틴다고 표현할 때 나는 다른 의미에서 '살고 있다'고 말하고 다녔다. 취미를 갖기가 지독히도 어려운 그곳에서 유일하게 나만 하나에 푹 빠져 그것에만 몰입하고 있었기 때문이다. 12월을 맞이해 공장에서는 그동안 이어져 온 주 5일 조업을 당분간 4일 조업으로 바꿨다. 새로 들어온 외국인 친구들은 3일을 쉰다는 말에 좋아하기보단 아쉬움—돈을 벌 수 없으니까—가득한 푸념만 늘어놓았다. 한국인 친구들은 말할 것도 없고 모두가 지루하고 조용한 연휴를 그저 받아들이는 수밖에 없었다. 그러나 나는 영어 책에 미쳤던지라 주말, 연휴, 쉬는 날 등을 모두 알차게 보낼 수 있었다. 그들에게는 따분함으로 느껴진 시간들이 나에게는 독서를 할 수 있는 무척 소중한 기회로 다가왔다.

분명 어려운 상황이었음에도 이 시기에 가장 공격적으로 영어 책을 읽어 나갔다. 쉬운 책보다는 까다롭고 어려운 책을 많이 읽었고 유명한 책보다는 좋아하는 책을 위주로 나만의 독서 스타일도 정립해 나갔다. 기억에 남는 책을 하나 꼽자면 조던 피터슨Jordan Peterson이 쓴 『12 Rules for Life』가 있다. 우리나라에선 『12가지 인생의 법칙』이라고 알려진 책인데 주제가 무겁고 이해하기가 많이 까다로웠던 책이었다. 하지만 나는 열두 가지의 인생 법칙을 모두 알아야지만 이 책을 제대로 읽었다고 생각하지 않는다. 모든 주제에 감동받을 필요가 없듯이, 기억나는 주제가 하나만 있어도 그 책은 나에게 있어 의미 있는 책이라고 할 수 있다. 인상 깊었던 내용은 다음과 같다.

Rule 6, "Set your house in perfect order before you criticize the world."

(6번째, "세상을 탓하기 전에, 네 방부터 깨끗하게 정리해라.")

내가 이해한 바에 따르면 처음부터 담대한 목표를 세우지 말고 막연한 성공만이 이뤄지길 꿈꾸면서 세상을 탓하지 말라는 교훈이 담겼다. 그럴 시간에 네가 처해 있는 아주 사소한 것부터 바꾸려고 노력하고 당장 어질러져 있는 방부터 제대로 청소나 하라는, 직설적이면서 냉철한 조언이 나온다. 그 말이 나에게는 이렇게 들렸다.

"지금 네가 처해 있는 상황에 불만을 가지면서 영어 독서를 못 하겠다고 핑계 대지 마. 그 시간에 네 방이나 더 치우고 그럴 환경을 만드는 데 더 열중해. 다음에 무엇을 더 잘할 수 있다는 생각도 하지 마. '여기를 벗어나면 더 나아지겠지'라는 생각도 갖지 마. 그럴 의지가 있다면 지금 당장 그것을 보여 줘."

이 부분을 읽어 내려가면서 생각이 많아졌다. 투덜거리면서 할 바에야 그냥 하지 않는 게 낫다. 해야 할 많은 것들을 억지로 하지 말고 내가 스스로 필요해서 하는 것이라고 생각하자. 핑계를 대지 말자. 환경을 바꿀 수 없다고 생각하지 말자. 결국 그러한 환경을 만든 사람도 나고 도망치거나 견뎌 보자는 선택권을 가진 사람도 나다. 어찌 됐든 결정의 주체는 전부 나에게 있다.

그러니까 결국엔 '내 의지'가 제일 중요하다

만약 지금 이 어려움을 잘 이겨 낸다면 그건 단지 버텼기 때문이 아니라 내가 그만큼 강했기 때문일 것이다. 그럴 땐 나를 칭찬해 주어야 하고 그렇게 했던 내 의지와 강인함을 높이 평가할 줄 알아야 한다.

『12 Rules for Life』를 완독하고 내 자신이 무척 대견했다. 처음에는 지루해서 다른 책으로 바꾸고 싶은 마음도 굴뚝 같았지만 결국엔 한 달 만에 끝낼 수 있었다. 정말 치열하게 읽었고 읽는 내내 보람도 만끽했던 책이다.

'그래! 이 원서도 읽어 냈는데 이깟 삶을 내가 못 버티겠냐!'

왜 내가 영어 독서를 열심히 했는지, 왜 영어 독서가 공부로 느껴지지 않고 즐길 수 있었는지 잘 전달이 되었으면 좋겠나.

3

굿바이, 맥카이

잊지 못할 한국인 이민 가족

 맥카이에 살면서 얻은 가장 큰 행운이라면 은진 누나네 식구를 만난 게 아닐까 하는 생각이 든다. 첫 만남은 교회에서였다. 맥카이에 오자마자 나는 외국인 친구를 사귀기 위해 교회를 찾았고 그렇게 집 근처의 교회에 가게 되었다. 처음 나를 안내해 주었던 외국인 할머니는 내가 한국 출신이라는 말을 듣고 매우 반가워했다. 그곳에 나 말고 또 다른 한국인 가족이 있다는 것이다. 할머니는 어쩔 줄 몰라 멀뚱거리는 나를 데리고 은진 누나 가족에게 소개시켜 주었다. 우리는 서로를 보며 놀라워했다. 나는 워홀러가 아닌 한국인이 이런 곳에 있다는 것이 마냥 신기했고, 누나 역시 이런 시골에 한국인이 일하며 생활한다는 게 믿기지 않는 눈치였다. 다행히도 우리는 빠르게 가까워 질 수 있었다. 나는 누나에게 이곳에 온 목적을 설명하고, 교회에서 인맥을 넓히고 싶다는 속내를 이야기했다. 누나는 내 상황을 이해하고 현지인들과 어울릴 수 있도록 나를 배려해 주었으며 주변의 인맥도 적극 소개시켜 주었다.

교회에 가는 날이면 매주 누나네 가족을 만날 수 있었다. 덕분에 나는 외롭지 않게 예배를 볼 수 있었고 끝나면 종종 누나 집에 놀러 가기도 했다. 집에서는 누나의 어머님이 항상 손수 음식을 차려 주셨고 그때마다 집 밥을 먹을 수 있는 호사를 누렸다. 가슴에 묵은 향수병이 누나 집만 가면 해소되는 느낌이었다.

은진 누나 집에 처음 갔을 때 놀랐던 건 집에 TV가 없다는 사실이었다. 선반에는 책이 가득했으며 누나의 귀여운 두 아들은 휴대폰을 하지 않았다. 저녁을 먹고 나면 다 같이 성경 공부를 통해 자연스럽게 가족끼리 대화하는 시간을 보내고 오후 10시만 되면 취침을 하는, 바른 생활 가족이었다. 나는 형님에게 이런 생활이 따분하지 않냐고 물었다.

"아니야. 이렇게 보여도 생각보다 바빠. 평일에는 일하고 피곤해서 집에 오면 쉬어야 돼. 주말에는 교회 가야 하고 집 안 관련 수리나 인테리어할 것도 찾아서 해야 돼. 그러다 중간에 애들하고 놀아 주기라도 하면 시간이 금방 가."

누나네 가족은 모두가 악기 하나씩은 다룰 줄 안다. 누나는 바순을, 형님은 바이올린을 수준급으로 연주하신다. 첫째 아들 에녹이는 그 어린 나이에 벌써부터 피아노를 칠 수 있다. 그들은 연습했던 찬송가나 기타 곡들을 자주 교회에서 뽐내곤 했다. 평일에는 일을 마친 후 평안한 삶을 즐기고, 주말에는 교회라는 커뮤니티를 통해 이웃과 소통하고 도서관에 가서 아이가 읽을 책을 함께 골라 준다. 이것이 누나 가족이 사는 삶의 방식이었다. 한국의 일반적인 정서와는 많이 다른 누나네 가족을 통해 삶을 바라보는 나만의 시각도 조금은 유연해질 수 있었다.

누나 가족이 나에게 베풀어 준 선행은 정말이지 이루 다 말할 수 없다. 예배를 마친 후 먹을 점심 도시락은 항상 내 몫까지 챙겨 주셨고, 집에 놀러 가 대접을 받으면서 반찬을 덤으로 얻는 일도 부지기수였다. 에녹이와 둘째 아들인 노아도 나를 무척 잘 따랐다. 그들 앞에서는 차마 나도 스마트폰을 하지 못했다. 너무 바르게 자라 온 아이들이다 보니 퍼즐과 보드 게임 등 상상력을 키워 주기 위한 놀이를 많이 했다. 그 밖에 마당에 설치된 풀장에서 같이 수영도 하고 그들에게 책도 골라 주며 아이들을 친조카처럼 대했다. 내 친조카에게도 사 주지 못한 레고 장난감을 이들에게 사 줬는데, 친조카들이 서운해할 것 같다!

누나에게서 받은 가장 큰 호의는 공장에서 2주간의 긴 휴가를 받았을 때다. 당시는 찌는 듯한 무더위와 장마가 번갈아 요동치는 그런 최악의 날씨였다. 텐트에 살면서 계절로 인한 스트레스에 진절머리가 날 무렵 누나가 제안을 했다.

"대익아. 너 휴가 기간에 특별한 계획 없으면 그냥 우리집으로 와. 와서 푹 쉬다 가."

"네? 정말 그래도 돼요?"

"그럼! 텐트에 살면서 고생도 많았을 텐데 그냥 아예 당분간 푹 쉬어. 너가 좋아하는 책도 읽고 무더위도 피하면서 그냥 편하게 있어."

"감사합니다. 누나. 정말 고맙습니다!"

그 당시에는 말 그대로 누나가 구세주로 보였다. 교회의 은혜로움이 바로 이런 거구나 하는 생각이 절로 들 정도로, 이때 누나의 배려는 무엇과도 바꿀 수 없는 가치였다. 그렇게 10일간의 연휴를 누나네 가족과 생활하면서 내 생애 최고의 휴가를 보낼 수 있게 되었다. 누나는 내가 지낼 방을 제공해 주었고 덕분에 나는 텐트에서 빠져나와 잠시나마 천국에 머무는 기분을 만끽했다. 10일 동안 내가 한 것이라곤 오로지 영어 책을 읽는 거였다. 그 외 별다른 취미가 없었기에 그냥 하루 종일 영어 책만 읽었던 것 같다. 이 당시에 나는 스스로에게 미션을 하나 걸었다. 10일 동안 400페이지 책을 읽어 보겠다는 목표였다. 과연 그 짧은 기간에 영어 책 한 권을 읽어 낼 수 있는지 테스트하기 위함이었다. 지금 생각해 보면 무모한 도전이었지만 어쨌든 나는 10일 만에 완독에 성공했다. 금융 용어가 난무하고 기업의 역사를 다룬 꽤 어려운 책이었지만 좋은 환경 덕분에 결국 읽어 낼 수 있었다. 그 밖에도 쉬는 날이면 종종 누나로부터 초대를 받아 신세를 진 적이 많았다. 어려울 때마다 불러 준 누나 덕분에 고비들을 무사히 잘 넘길 수 있었다.

어떻게 보면 한국인에게 입었던 상처를 또 다른 한국인의 배려로 치유가 된 경험이었다. 호주에 가면 이런 말을 자주 듣는다.

'호주에서는 한국인이 제일 무섭다.'

결국 등쳐 먹는 사람은 외국인이 아닌 한국인이라는 의미다. 그러나 누나를 보면서 언제나 가장 조심해야 될 것은 '선입견'이라고 말하고 싶다. 인생은 언제나 case by case다.

인과응보

재우네 셰어 하우스를 나온 뒤 이곳과 나의 관계는 사실상 종결이 됐다. 이 집에 대한 이야기를 언급하며 좀 더 못다 한 이야기를 풀고자 한다. 이유는 이번 사건을 통해 우리가 '인과응보(행한 대로 업에 대한 대가를 받는 일)'라는 의미를 삶에 일정 부분 새겨 두어도 괜찮지 않을까 하는 마음에서다. 잠시 그때 시점으로 돌아가 보자. 발단은 이미 설명했고 원활한 이해를 위해 순서를 전개, 절정, 교훈으로 구성했다.

전개

캐러밴 파크에 자리를 잡고 내가 가장 먼저 한 일은 부동산에 찾아가 등록된 내 이름을 빼는 거였다. 당시 재우는 집을 인수하기 전 자체 점검 결과 집 안의 일부 훼손 문제를 발견했고, 나는 그것을 부동산과 조율하던 중이었다. 가만히 놔두자니 자칫 불똥이 나에게도 올 수 있다는 생각이 들었다. 나는 서둘러 재우와 엮일 수 있는 모든 문제 가능성을 원천 차단했다.

재우가 마스터가 되고 집을 운영할 수 있는 기간은 기껏해야 5~6개월 남짓이었다. 그래서 그는 운영과 동시에 가구 및 생활 집기 등의 안정적 양도를 위해서라도 차기 마스터를 일찍 결정해야 하는 상황이었다. 그때 새로 들어온 성훈이가 이 집에 관심이 많았다. 그걸 간파한 재우는 렌트 장사를 하면 큰돈을 벌 수 있다는 달콤한 말을 늘어놓으며 그를 차기 마스터로 만들기 위해 전념했다. 이때 나는 성훈이와 가까운 사이였다. 그는 자주 우리가 지내는 방에 놀러 와 렌트 운영과 공장에 관한 이야기를 주고받았다. 집에는 생각보다 많은 문제가 있었다. 그러나 나는 처음부터 이런 이야기를 성훈이에게 굳이 하지 않았다. 그러다 재우와 나와의 갈등이 본격적으로 터졌다. 나는 이 집을 인수하지 말아야 하는 이유 등과 그에게 렌트 운영에 대한 위험성을 경고했다.

절정

셰어하우스 몰락의 시작은 성훈이의 결정적 한 방 때문이었다. 재우는 성훈이를 차기 마스터로 확정 짓고는 사실상 집안의 모든 문제를 그에게 전가시키려 했다(다행히 성훈이는 나를 통해 이미 집과 관련된 모든 문제점을 훤히 꿰뚫고 있었다). 그때까지만 해도 성훈이는 발톱을 드러내지 않았다. 오히려 어떻게 하면 효율적으로(돈을 벌 목적으로) 집을 운영해 볼 수 있을까를 고민하며 이 집의 문제점을 해결해 보려 노력했다. 그러다 성훈이는 집을 인수한다고 결심할 무렵 재우에게 계약금을 보내 버리는 치명적인 실수를 하고 말았는데, 그러자 재우가 좀 더 노골적인 방법을 통해 성훈이를 길들이려 했다. 속았다고 생각한 성훈이는 재우가 계약금을 바로 주지 않을 것을 대비해 나와 함께 전략을 짜기 시작했다. 그는 집을 나올 각오를 바탕으로 캐러밴 파크에 지낼 거처를 미리 마련했다. 이후에는 상황을 반전시킬 타이밍을 기다리기로 했다. 차곡차곡 재우의 도가 넘는 발언을 묵묵히 참아 왔던 성훈이에게 기회가 찾아왔다. 재우가 구매했던 중고차를 자신에게 비싸게 팔려 한 것이다. 성훈이는 이를 계기로 화를 폭발하며 그와 담판을 벌였다. 모든 계획을 없던 것으로 처리하면서 일방적으로 그를 몰아붙였다. 그는 재우가 이야기하지 않았던 집 안의 훼손 문제, 감가상각이 전혀 되지 않은 차를 본인에게 팔아먹으려 했던 점, 집 내부의 셰어생 관리 문제(한 셰어생이 성훈이와 갈등 관계에 있었다)에 대해 적극 대처하지 못한 점 등을 나열하며 더 이상 이 집에 살지 않겠다고 해 버렸다. 그러고는 당장 계약금을 돌려받고 며칠 뒤 집을 나와 버렸다.

한 가지 사건을 더 언급하자면 셰어 하우스에 머물던 일본인 치사와의 보증금 문제도 그에게 치명타를 안겨 주었다. 성훈이가 나가고 셰어 하우스 내부에서는 민심이 크게 흔들렸다. 그리고는 얼마 뒤 치사가 나가겠다고 통보를 해 버렸다. 이때 재우는 조건(취업을 시켜 주는 대가로 4개월 동안 집에 머물겠다고 합의한 사항이다)을 어겼다며 보증금을 돌려주지 않겠다고 겁을 주었다. 그러자 치사가 이를 공장의 친구들에게 알리며 도움을 호소했다. 공장 내 친구들은 곧바로 치사 편을 들었다. 그들은 재우에게 경찰에 신고하겠다고 으름장을 놓고는 당장 공장 보스에게도 이 사실을 알리겠다고 역으로 협박을 걸었다. 당황한 재우는 치사에게 보증금을 돌려주며 소동은 일단락되었다. 이 사건 이후 공장 내 재우의 이미지가 나락으로 떨어졌다. 우리를 감독하는 야간 클리너 매니저 귀에까지 이 사실이 전해졌다. 그는 재우의 평소 일처리 문제 등을 우리들에게 언급하며 그를 멀리했다.

차기 마스터를 구하지 못한 재우는 속이 타들어 갔다. 만약 본인을 끝으로 렌트가 종료된다면 그는 엄청난 부담으로 다가올 '인스펙션 inspection(부동산에서 집의 상태를 체크하는 행위를 말한다)'을 감당해야 했다. 그뿐만이 아니었다. 몇 년 동안 물려 받았던 모든 가구의 이전 금액도 본인은 한 푼도 돌려받지 못한 채 고스란히 비용으로 떠안아야 했다. 한편 재우는 집에서 사람이 점점 빠져나가는 것을 막기 위해 필사적으로 인원을 채우려 노력했다. 그러다 마침내 한 명을 셰어 하우스로 데려올 수 있었는데 운이 좋게도 그는 본인의 업무를 인계받을 수 있는 사람이었다. 그러나 그것도 잠시 그는 재우가 일을 전수하며 마스터의 장점을 신나게 열거하던 중 일이 고되다며 공장을 떠나버렸다. 그렇게 마지막 호구가 될 뻔했던 뉴비Newbie도 바람처럼 사라졌다. 렌트를 통해 돈을 벌겠다던 그의 야심은 어느새 신기루로 변해있었다.

교훈

내가 알기론 마지막까지 그의 곁을 지켰던 친구는 한 명이었다. 그와 재우는 최소 한두 달 정도는 월세가 2,000불인 그 넓은 집에서 호화스럽게(?) 생활해 보는 경사를 누리지 않았을까 하는 생각을 해 본다. 그래도 부럽긴 하네. 나도 못 해 본 경험을 해 봤으니… 그가 얼마의 손실을 감당했는지는 예측 자체가 되지 않는다. 다만 확실한 건 그의 기억에서도 지우고 싶은 경험이었음에는 틀림없을 것이라는 사실이다.

이런 일련의 과정을 봐 오면서 떠오르는, 소개하고 싶은 영어 단어가 하나 있다. 바로 '업보'란 뜻을 지닌 'KARMA'란 단어다. 재우의 몰락이 나에게 카르마로 다가왔다면 그에게는 트라우마로 각인됐을 것이다. 그럼 이쯤에서 karma를 이용한 영어 문장을 한번 만들어 보자.

Accept that it's your all part of karma.

꿈틀대던 꿈

　지금과 달리 학창 시절의 나는 '프로 자격러'라 할 만큼 자격증 수집에 열심인 전형적인 모범생이었다. 그때는 금융 쪽에 미쳐 있을 때라 관련 자격증 공부를 꽤 열심히 했었는데 들인 시간에 비해 합격한 자격증은 몇 개 되지 않는다. 재경관리사, 펀드투자상담사, 파생투자상담사, 증권투자상담사, 투자자산운용사, 금융투자분석사를 차례로 준비했고 재경관리사, 펀드투자상담사, 증권투자상담사만 겨우 얻을 수 있었다. 꽤 많은 실패에도 불구하고 크게 좌절하지는 않았다. 어차피 내 목표는 그게 아니었기 때문이다. 그것들을 통해 내가 진짜 가지고 싶었던 자격증은 CFA, 국제공인재무분석사였다.

　CFA는 20대 초·중반의 내가 가졌던 목표이자 꿈이었다. 기업을 분석하는 애널리스트가 되고 싶었고 주식을 통해 외국 기업의 재무제표 및 경제 뉴스를 해석할 줄 아는 사람이 되길 원했다. 이 시험은 미국 자격증이라 영어로 시험을 봐야 했다. 총 열 과목으로 구성되었으며 1·2차 까지는 객관식, 3차는 객관식 + 서술형으로 이뤄져 있다. 1차는 1년에 두 번, 2차, 3차는 매년 한 번씩 치러져 합격하는 데만 꼬박 2년 6개월에서 3년이 걸리는 무시무시한 시험이다. 이 자격증은 준비 비용만으로도 숨을 헐떡거리게 만드는데, 학생 때 처음 시험을 준비하면서 썼던 비용만 200만 원이 훌쩍 넘었던 기억이 난다. 누가 금융 관련 자격증 아니랄까 봐 돈독이 아주 제대로 오른 자격증이다.

국내 금융자격증 도장깨기는 어느덧 CFA 1차 시험 단계까지 오게 되었다. 이미 꽤 많은 전문용어를 접해 왔던 터라 나는 단지 영어로 해석만 잘하면 합격할 수 있을 것이라 생각했다. 결과는 쓰라린 탈락. 그러나 나는 거기서 더 큰 시련에 부딪히고 말았다. 첫 번째는 수험 생활에 대한 부담이었고—나는 모든 자격증의 부대 비용 및 생활비를 스스로 마련해 가며 준비했다—두 번째는 영어에 대한 트라우마였다. 애초에 토익 점수도 별 볼 일 없는 내가 이 시험을 또 본다 한들 합격할 자신이 없었다. 한 번의 도전에 대한 한 번의 실패. 고작 한 번의 기회를 놓친 것으로 내 꿈이 날아간다고 생각하니 무척 아쉬움이 많았다. 그러나 앞선 이유들로 선뜻 도전할 용기가 나질 않았다. 그렇게 CFA는 고단한 현실과 함께 서서히 잊혀져 갔으며 몇 년이 흘러 나는 호주 워홀을 오게된 상황에 이르렀다. 그리고 이제는 영어 독서를 취미로 가질 수 있게 되었다.

맥카이에서 영어 책을 읽는 동안 내가 금융에 미련을 가지고 있다는 증거들은 내가 구매한 책 목록 곳곳에 나타나고 있었다.

제목	저자
『The Big Short』	Michael Lewis
『King Icahn』	Mark Stevens
『The Outsiders』	William Thorndike
『When Genius Failed』	Roger Lowenstein
『Capitalism without Capital』	Jonathan Haskel
『The Economist Guide to Financial Markets』	Marc Levinson

CFA 준비를 결정하고 난 이후 읽었던 책들	
『King of Capital』	David Carey
『Financial Intelligence』	Karen Berman
『The Essays of Warren Buffet』	Lawrence A. Cunningham

읽고 싶은 분야의 범위를 확대해 가자 점점 내 관심 폭이 금융으로 옮겨진다는 것을 느낄 수 있었다. 그러자 잊고 있던 CFA 시험이 되살아났고 다시 한번 준비해 볼까 하는 고민을 했다.

처음에는 그런 고민 자체를 진지하게 받아들이지 않았다. 그러나 한두 권으로 시작한 경제·금융서가 점점 많아지고 읽으면 읽을수록 재미를 느끼면서 나도 모르게 어떤 도전 의식이 싹트기 시작했다. 기업의 흥망성쇠, 성공한 금융인들의 삶을 읽어 내는 것 자체가 무척 흥미로웠다. 더 이상 영어는 장애물이 아니었다. 아니 설사 내가 영어를 못한다 하더라도 이제는 과거만큼 자격지심을 느끼지 않았다. 외국인 친구와 대화할 때도 크게 문제가 없었고 좋아하는 원서를 읽을 수 있는 것에 대한 자부심이 있었다. 나도 모르게 부담감은 사라진 지 오래였다. 이런 게 바로 타이밍이란 건가? 계획이 바뀌는 시점이라는 것을 직감적으로 느꼈다. 과거에는 돈을 많이 벌까, 영어를 잘해 볼까 사이의 고민에서 영어를 택했다면 이번에는 좀 더 구체적인 목표로 방향을 정하게 됐다. CFA였다.

갑작스럽게 내린 귀국 결정

다시는 수험생으로 살지 않을 것이라 생각했지만 역시 인생은 모른다. 자격증으로부터의 해방을 꿈꿔 왔던 내게 시험을 준비한다는 것은, 앞으로의 삶에 있어 꽤 많은 변화가 있을 것을 암시했다. 원래 계획은 휴식이었다. 1년 가까이 공장에서 소 피를 닦는 일과 텐트에서 참된 고행(?)으로 내 상태는 정신적·육체적으로 많이 지쳐 있었다. 반면 돈은 아쉽지 않을 만큼 벌었고 모아야만 하는 1억이라는 목표가 사라지니 주머니 사정엔 여유가 넘쳤다. 2~3개월은 호주 곳곳을 돌아다니며 휴양도 하고 좋은 환경에서 영어 책도 읽어 가며 지내고 싶었다. 지친 나에게 고생의 대가로 선물을 주고 싶었다. 그런데 시험 준비라니…. CFA는 내가 품고 있던 안락한 꿈을 단번에 물거품으로 만들어 버렸다. 여행자금은 CFA 준비 자금으로 쓰일 테고 당장 시험이 내년 6월이니 남은 시간도 고작 6개월 밖에 되지 않았다. 더 큰 고민은 따로 있었다. 이 시험을 호주에서 준비할지 한국에서 준비할지를 결정지어야만 했다.

다시 한번 시험을 볼 생각을 하니 걱정이 앞서면서 과거 실패의 요인들이 떠올랐다. 그 당시 내가 가졌던 고민들. 열악한 공부 장소(허름했던 자취방), 부족했던 여유 자금. 호주에서 하자니 숨 쉬는 걸 제외한 모든 것이 비용이었기에 모아 놨던 자금도 모자랄 것 같았다. 기껏해야 영어를 쓸 수 있다는 환경을 제외하면 위험한 도박으로 느껴졌다. 결국 나는 한국행을 선택했다. 집에서 생활하며 돈을 아끼고 인근 도서관에서 공부하는 것이 내가 바라보는 최선의 선택지였다. 물론 영어를 다시 사용할 수 없을 것 같다는 불안감도 있었다. 그러나 나는 내 습관을 믿었다. 호주에서 그 많은 책들을 읽었다면 분명 한국에서도 영어 독서가 가능하다고 생각했다.

2월에 만료되는 공장 노동자로서의 삶이 처음으로 야속하게 느껴졌다. 호주의 사막도 못 가고 스카이다이빙도 못 한 것이 후회됐다. '워홀러는 외노자'라더니, 호주와서 죽어라 일만 하고 가는 것 같아 아쉬움만 커졌다.

'그래. 이왕 이렇게 된 거 열심히 공부해서 1차 합격을 하고 당당히 여행을 떠나자. 지금 밀려오는 이 후회를 고이 간직했다가 여행 때 확 털어 버리자!'

공부는 1월부터 시작했다. 비록 공용 휴게실, 세탁실, 맥도날드를 오가면서 인강을 보는 게 고작이었지만 이상하게 마음만은 홀가분했다. 다시 열정을 불태울 만한 것을 찾았고 이번엔 분명 다를 것이라 확신했다. 약속했던 공장 일이 종료됐다. 그만둘 때 매니저, 인사과장과 웃으면서 나올 수 있었고 캐러밴 파크 관리자와도 6개월의 텐트 생활을 기념하는 사진을 찍기도 했다. 맥카이를 떠나기 전, 나는 롤링페이퍼에 적힌 친구들로부터의 응원을 한 아름 받고 시드니에 가서 로란조와 재회한 후 한국행 비행기에 몸을 실었다. 호주에서의 내 여정이 이렇게 1년 6개월여 만에 막을 내렸다. 갑작스럽지만 구체적인 목표와 함께.

Dave !!
I've worked only few weeks together. We didn't talk a lot but you always smiled me. I'm glad to work together.
See you :):)
take care .?!
 from yukari

Dave ☺
Thank you for taking care a lot for 7 months.
I enjoyed staying together in old house.
Was good to see you in Mackay.
고마워 친구 ☺
Take care
 Chisa.

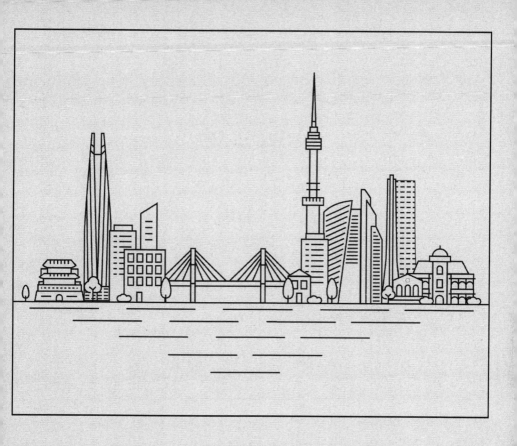

V

한국에 와서

1
자격증과의 사투

공부는 하되 치열하게 하지는 말자?

CFA 공부는 나름 즐거웠다. 과거처럼 영어에 대한 두려움도 사라진 상태여서 뭔가 이해도 잘 되는 느낌을 받았다. 쾌적한 조건에서의 공부 환경이었기에 어떠한 심적 부담도 느끼지 않고 공부에만 집중할 수 있었다. 이번 CFA를 준비하면서 스스로에게 주문한 것이 있다.

'공부는 하되 치열하게 하지는 말자.'

옛날처럼 주 7일을 공부하면서 시간을 쏟는 게 아니라 주 5일, 9시부터 6시까지만 공부를 하고 집에서는 쉬기로 한 것이다. 무슨 뚱딴지 같은 소리냐고 할 수도 있겠다. 그게 어떻게 수험생 모드냐고 생각할 수도 있다. 그런데 그게 정말 내 진심이었다. 처음부터 초조해하며 CFA 1차를 준비하는 것이 아닌, 순수한 마음으로 임하며 즐기고 싶었다. 물론 나름의 전략은 있었다. 이 시험은 국가고시처럼 극악 난이도의, 시간을 온종일 투자해야 하는 시험은 아니었다. 나는 본게임을 2차로 생각하고 있어서 1차에서는 제법 가벼운 마음을 유지하며 적응하는 것에 초점을 두었다.

쉴 때는 책을 읽고 글을 썼다. 물론 조금 더 신경 쓴 부분은 영어 독서였다. 솔직히 말하면 CFA에 온전히 투자를 하지 않았던 이유가 여기에 있었다. 공부를 한다고 기껏 구축해 놓은 영어 습관을 등한시하고 싶지는 않아서였다. 그래서 처음에는 의식적으로 영어 독서를 하려고 노력했다. 나중에는 한글 책과 영어 책을 번갈아 읽었는데, 시간이 지나고 그것들 각각에게 받는 독서의 사고가 서로 다르다는 것을 알게 되었다. 즉 영어 원서를 읽으며 느끼는 재미와 한글 책을 읽으며 얻어가는 즐거움이 따로 있다는 것이다. 그건 내게 꽤 신선한 경험이었다. 그러다 보니 굳이 영어 책만 읽는 것을 고집하지는 않았다. 대신 고른 책은 반드시 완독한다는 나름대로의 원칙을 지켜 나갔다. CFA를 준비하면서도 영어 독서를 하고 싶다는 마음을 굳이 막지는 않았다. 오전에 공부하기 전 딴짓을 하고 싶다는 생각이 들 때면 한글 책을 읽는 대신 영어 독서를 하면서 영어에 대한 워밍업을 계속 유지—CFA 책이 원서였기 때문에—했다. 그렇게 CFA와 영어 독서라는 불안한 동거가 지속되었다.

어? 이게 아닌데…

CFA 1차 시험 준비가 점점 무르익을수록 이상하게 머릿속에서 떠나지 않는 생각이 하나 있었다. 이게 과연 내 적성에 맞는 걸까 하는 고민이었다. 분명 내가 좋아하는 과목들이었고 재미—그때 나는 애플의 CEO인 팀 쿡Tim Cook에 대한 전기도 원서로 읽는 중이었다—도 있었다. 그러나 공부를 하면 할수록 이 자격증에 대한 관심이 예전만큼 높지 않다는 것을 느낄 수 있었다. 과거에는 스스로 우수 기업들의 성장 동력도 찾아보고 재무 분석도 해 보는 등 기업 분석을 즐겨 왔다. 반면에 시험에서 떨어지면 앞이 보이질 않는 내 미래를 참 많이도 걱정했다. 마치 CFA가 되는 것이 내 삶의 전부인 양 말이다. 하지만 현재의 내 모습은 그저 덤덤했다. 아니, 오히려 CFA 취득 이후의 삶이 전혀 밝게 그려지질 않았다. 3차까지 합격을 한다 해도 신입으로 내 나이가 너무 많은 것 같았고 치열한 경쟁 속에 비집고 들어가는 것도 힘들어 보였다.

'이걸 가지고 있으면 내가 뭘 할 수 있을까? 애널리스트? 기업의 재무 담당자? 투자자?'

과거에는 그 일을 하고 있을 내 모습을 상상하는 것이 행복했지만 이제는 그렇지 않았다. 다 비슷비슷해 보이는 직업 같았고 마음만 먹으면 애널리스트건, 투자자건 어렵지 않게 시도—기업 분석이야 스스로 몇 차례 해 본 적이 있었고 투자자는 그냥 주식을 굴리면 그만이었다. 기업의 재무 담당자는 이제는 별로 내키지 않았다―해 볼 수 있었다. 한국에 와서 나는 제일 먼저 HTS(주식매매 프로그램)를 설치하고 주식 거래를 할 줄 알았다. CFA를 공부하고 남는 시간에 '다트dart(주가전자공시 시스템, 이곳을 통해 각종 기업의 공시 정보를 얻을 수 있다)'와 주가를 보면서 기업을 분석하는 게 내 취미 생활이 될 줄 알았던 것이다. 그런데 아니었다. CFA 공부가 끝나면 쉬고 싶었고 기업이니 금융이니 하는 것과는 거리를 두고 싶었다.

'아니, 그토록 갈망했던 여건들이 이제야 겨우 갖춰졌는데 왜 이렇게 흥미가 느껴지지 않지? 왜 예전만큼 기대감이 나타나지 않는 거지?'

심지어 이번엔 여유 자금까지 가지고 있었다. 남아 있는 돈의 일부를 주식으로 쓰고 손실을 봐도 괜찮았다. 그러라고 모은 돈이기도 했고 금융 분야로 진로를 결정했다면 주식은 잘 알고 있어야 했다. 나는 당연히 내 관심이 그렇게 옮겨질 줄 알았지만 분명 뭔가가 식어 가고 있었다. CFA 공부는 즐거웠지만 내 안에서 표현할 수 없는 뭔가는 사그라지고 있었다.

'내가 정말 여기에 열정을 쏟아붓고 있기는 한 걸까?'

시험 날짜가 다가오고 있었다. 자신 있었다. 완벽한 공부 환경, 넉넉한 여유 자금, 영어를 좋아하는 열정까지 뭣 하나 빠진 게 없었다. 당일이 되었고 컨디션을 잘 조절해 가며 무사히 제한 시간 내 시험을 마칠 수 있었다. 홀가분했다. 모든 게 대부분 계획대로 이루어졌고 스스로도 만족할 수 있었다. 잘 치렀느냐는 가족의 말에 합격할 수 있을 것 같다고 말할 정도로 시험을 준비하면서 아쉬울 게 없었고, 또 시험도 잘 치러 냈다. 문제는 앞으로의 미래였다. 시험은 잘 봤지만 2, 3차에 도전할 의지가 불투명해져 버렸다. 그냥 하라면 할 수는 있겠지만 빠르게 시들어 가는 동기를 되살리기에는 자신이 없었다.

'이걸 따면 내 인생이 행복할 수 있을까?'

과거였으면 행복을 넘어 인생을 다 가진 기분이었을 것이다. 분명 어딘가에서 우쭐대며 내가 가진 타이틀을 자랑스러워했을 것이다. 하지만 이제는 그런 생각이 전혀 들지 않는다. 이 자격증이 내 모든 것을, 다시 말하면 결코 나를 대변해 주지 못할 것이라는 마음이 나를 착잡하게 만들었다.

'어? 이게 아닌데…'

한숨이 흘렀고 나는 자격증과 결별할 준비를 하고 있었다.

감정에 솔직해지는 법

결과는 두 달 뒤에 발표될 예정이었다. 시험 이후의 내 계획은 책을 쓰는 것이었기에 결과에 대한 판단은 잠시 잊기로 했다. 떨어진다는 생각은 별로 하지 않았다. 도대체 뭐가 그렇게 나를 자신만만하게 만들었을까? 후회 없는 조건에서 공부를 했고, 이미 결과를 받아들일 수 있는 마음의 준비가 되어서 그런 게 아닐까?

결과가 나왔다.

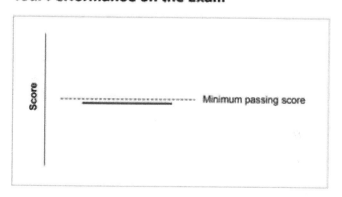

Your Performance on the Exam

Score

--- Minimum passing score

떨어졌다. 변명의 여지없이 나는 또 경쟁에서 탈락했다. 그 당시 나는 결과를 보고 한동안 믿을 수 없었다.

'어떻게 내가 떨어질 수가 있지? 공부? 실력? 영어가 부족해서? 아니 도대체 뭐가 부족해서 떨어진 거지? 학교생활, 직장 생활 하는 사람도 붙는 이 시험에, 나 같이 공부만 했던 수험생이 1차에서 떨어졌다는 게 말이 되는 건가?'

스스로에 대한 강한 분노가 끓어올랐고 나를 에워싼 괴로움이 곧 터져 버릴 것 같았다. 그렇다고 마주한 현실을 부정하지는 않았다. 과거처럼 세상이 무너질 것 같은 기분도, 목표가 사라진 허탈감 따위도 들지 않았기 때문이다. 오히려 쉽게 체념이 되었고 결과를 그저 담담히 받아들이게 되었다. 슬프지 않았다는 게 아니다. 이것으로 인해 여행도 포기했고 남은 시간이 허공으로 사라진 게 너무나 뼈아팠다. 나는 딱 3일만 슬퍼하자고 스스로를 위로했다. 어쨌든 쌓인 응어리는 씻겨 내려가야 했기에 시원하게 한번 울고 나머지 이틀은 꽁꽁 앓는 것으로 다가올 무기력을 감내하려 했다. 어떤 방법이 좋을까? 나는 결과를 확인한 그날 아주 오랜만에 소주를 마셨다. 취할 정도로 마시고 코인 노래방에 가서 지를 수 있는 노래는 모두 질러 댔다. 눈물, 콧물 등 뱉어 낼 수 있는 것은 죄다 털어 낸 다음에야 CFA 불합격의 상처가 조금은 아물 수 있었다.

현실을 있는 그대로 받아들이고 스스로에게 핑계를 대려 하지 않았다. 모두 내가 준비했던 일이고 전략에 맞게 상황을 통제했다. 그런데도 떨어졌다는 건 내 노력의 부족 탓이다. 과거에는 간절한 마음으로 열심히 준비했지만 이번에는 그런 간절함이 부족했다. 그저 계획에 해당하는 노력만큼만 수행했고 불합격은 그것의 결과였다.

'그만하자. 후회하지 않았으면 됐지.'

물론 호주에서 결심했을 때에는 앞으로 한 번의 추가 1차 시험을 염두에 두고 한국으로 돌아왔다. 과거에 나 자신에게 한 번의 기회만 준 것이 아쉬워서였다. 그런데 공부를 하는 내 모습과 이후에 그려지는 미래를 보면서 과거에 들었던 아쉬운 경험이 해소되었다. 이제는 CFA

를 놓아줄 수 있는 용기가 생겼다. 떨어졌다고 경제를 싫어하지도, 영어에 대한 트라우마도 가지지 않았다. 건강한 도전을 하고 건강한 상처를 입으며, 나는 스스로 다친 부위를 치료할 수 있는 상태가 되었다. 인강 업체에 전화를 걸어 5년치 결제분에 대한 일부 환급을 받았다. 덕분에 내 통장 잔고는 조금 더 늘어났다.

'이렇게 빨리 그만둘 거였으면 호주에서 모험을 조금 더 즐겨도 충분했을 텐데. 도대체 뭐가 급하다고 이 시험을 보려고 했던 거냐.'

꿈이란 녀석은 생각보다 이기적이다. 때로는 상상만 해도 즐거울 만큼 짜릿함을 안겨 주었다가 어느새 쉽게 허무함을 느끼게 해 준다. CFA를 준비하는 동안 공부는 분명 즐거웠고 합격에 대한 자신도 있었다. 그러나 미래에 내가 이것을 하고 있지 않을 것 같다는 생각이 지배적이었다. 수많은 기회비용과 맞바꾼 시험이었지만 고작 그 결정을 내리자고 그런 선택을 한 내 자신이 한심스럽기도 했다. 아무튼 나는 CFA 자격증을 포기하기로 했다. 그건 도전의 결과였고 나는 마침내 마침표를 찍을 수 있었다.

2
좋아하는 것을 해 보는 것도 용기다

또 다른 도전

 글쓰기는 어렸을 적부터 좋아했다. 독서와 더불어 가장 꾸준히 했던 취미를 꼽자면 글쓰기일 정도로 글을 쓰는 것이 즐거웠다. 내가 처음 글맛을 알게 된 건 중학교 때부터였는데 당시에는 싸이월드에 시를 쓰면서 내가 느낀 감정을 다른 형태로 표현하는 게 재미있었다. 그러나 오래 하지는 못했다. 부끄러운 피드백과 낯간지러운 반응들 사이에서 철판을 깔고 짧은 글을 쓰는 게 쉽지 않아서였다. 대신 나는 짧은 글이 아닌 좀 더 긴 문장을 통해 내 생각이 짙게 배어날 수 있는 형식의 글을 써 보고 싶어졌다. 이후의 본격적인 글쓰기는 블로그에 독후감을 올리면서부터 시작되었다. 왜 하필 독후감이냐 하면, 일기처럼 감정적으로 치우친 글보단 형식을 갖춘 글을 쓰기 위함이었다. 이를 테면 칼럼 같은, 독후감의 형식을 빌려 내 생각이 반영된 감상문을 쓰고 싶었다. 나중에 이것은 책을 논하기 위한 것만이 아닌 내 생각을 표현하는 도구로 활용됐다.

나에게 글쓰기 재능이 있다고 한 번도 생각해 보지 않았다. 정의에 따르면 재능은 개인의 타고난 능력과 훈련에 의해 획득된 능력이라고 되어 있는데 '타고난'이라는 말에 절로 고개가 숙여진다. 실제로 글을 쓰다 수십 번을 지쳐 봤고 독후감 한 편을 완성 짓기 위해 일주일 넘게 시간을 끈 적도 많다. 지금도 내 블로그엔 갖춰지지 못한 형태의 글이 종종 올라온다. 뭐, 그럼에도 개의치 않았다. 글쓰기를 좋아하면 그만이고 잘 쓰고 싶다는 욕심만 있으면 충분하다고 생각했으니까. 고백하건대 글을 잘 쓰고 싶어 했던 것은 내가 가진 콤플렉스 때문이기도 했다.

어려서부터 생각 없이 말한다는 소리를 자주 들었다. 평소에도 눈치가 없었는데 말을 할 때조차도 생각을 해야 하니 사는 게 여간 까다로웠다. 말이 논리적이지 않았고 당황하면 버벅거리기 일쑤였다. 그래서 말을 조리 있게 하는 사람, 소위 말해 말발이 센 사람을 볼 때면 부러움을 느꼈다. 버벅거리는 것을 고쳐 보기 위해 혼자 뉴스 기사도 소리 내어 읽어 보고, 의도적으로 천천히 말해 보려고 노력도 해 봤지만 모두 다 실패했다. 나는 결국 말발에 치이느니 차라리 내 생각을 글로 잘 정리하기로 마음먹었다. 글발을 살리기 위해 독서를 해서 거기서 얻은 경험치를 내 생각과 접목시켜 써 보는 훈련을 꾸준히 했다. 그러자 그 연습은 어느새 책을 쓰고 싶다는 바람으로까지 이어졌고 서른이 된 무렵, 나는 드디어 이 바람을 현실화시킬 시점에 다다르게 되었다.

발상의 전환

내 오랜 버킷리스트는 에세이를 쓰는 거였다. 그러나 여기에는 치명적인 한계가 존재했다.

'내 이야기를 쓴다 한들, 누가 내 글을 읽어 보기나 할까?'

목적에 충실한 글을 쓰고 싶었지만 문제는 내 글이 상대방에게 가닿을 만한 접점을 찾을 수 없다는 데 있었다. 명확한 정보나 교훈을 주는 것도 아니었고 그렇다고 내 삶이 소설처럼 화려하지도 않으니 기획 단계부터 헤맸다. 상경 계열 출신인 나는 이 문제를 이렇게 바라봤다.

'시장성이 보이지 않는다.'

어쨌든 내 글을 받아 줄 출판사를 만나야 하는데 그들에게 어필할 아이템이 전무했고 이는 쓸 수 있다는 자신감이나 확신을 갖지 못하게 만들었다. 한참을 고민하던 끝에 결국 주제를 바꾸기로 했다. 에세이가 아닌 내 강점을 부각시킬 수 있는 글을 쓰기로 마음 먹었다.

'내 강점을 활용해서 사회에 도움이 되는 글이라…'

생각해 보면 딱 하나가 있긴 했다. 그건 바로 영어 독서였다. 지옥 같았던 텐트 생활을 청산하고 그나마 호주에서 건진 거라곤 취미로서의 영어 독서였다. 이 주제를 바탕으로 이야기를 푼다면 뭔가 그럴 듯한 결과물이 나올 것 같다는 생각이 들었다.

'영어 독서? 내가 전문가도 아닌데 이런 내용을 책으로 쓸 수 있을까?'

에세이를 쓴다면 영어 독서에 대해서 한 꼭지 정도는 쓸 수 있을 것이다. 그냥 내가 가진 노하우를 공유하는 차원에서 짧게 정리하면 무난했을 것이다. 그러나 영어 독서만을 주제로 책 한 권을 쓰는 일은 전혀 다른 문제였다. 첫 페이지부터 마지막 장까지 하나의 주제로 이끌어 나간다는 것은 누가 봐도 엄청난 내공이 필요해 보였다. 문제는 또 있었다. 내 책에 참고할 만한 표본이 없다는 것이었다. 그동안 내가 읽었던 영어 교양서는 전부 영어로 무언가를 성취해 낸 사람이 썼던 '자기 계발서'다. 그래서 나 같은 비전문가가 영어 독서를 주제로 책을 쓴다는 것은 자신감도 문제였지만 저자의 스펙을 요구하는 우리 사회의 시선에서 과연 통용이 될까도 의문이었다.

'아. 모르겠다. 이렇게 생각하면 한도 끝도 없으니까 그냥 쓰자. 일단 쓰고 싶었던 것을 써 보면서 생각하자!'

그렇게 나는 시험이 끝난 바로 다음 날부터 글을 쓰기 시작했다. 목차를 듬성듬성 나누고 하고 싶은 이야기를 시간순으로 정리해 가며 내용을 전개해 갔다. 글을 쓰는 데 기준이 됐던 책은 없었다. 당장 내 책이 자기 계발서로 분류가 되는지 에세이로 분류가 되는지도 몰랐으니까. 다만 책의 형식과 구성은 시중의 영어 교양서를 많이 참고하려고 했다. 익숙한 전개 양식을 사용하면 독자들에게도 친숙하게 읽힐 것이라는 생각에서였다. 매일 주어진 목표치를 채운다는 생각으로 하루하루를 견뎌 냈다. 그러자 놀라운 일이 벌어졌는데, A4 100페이지에 해당하는 원고량을 불과 한 달만에 써낸 것이 아닌가. 글을 쓰는 도중에는 그러한 집중력을 느끼지 못했지만 본문의 마지막 문장에 마침표를 찍는 순간 황홀감이 느껴졌다.

'아니, 이 글을 내가 어떻게 쓴 거지?'

전작인 『영어 독서가 취미입니다』는 이러한 배경에서 나온 책이다. 나는 비전문가의 시각에서 어떻게 영어 독서를 취미로 할 수 있었는지의 과정과 영어 책을 읽는 의의를 설명하기 위해 노력했다. 글을 써 내려가면서 내가 주목했던 키워드는 '왜'와 '독서'였다. 목적을 위해서라면 무조건 참아야 되는 영어 공부에 대해 '왜'라는 의문을 던지고 싶었고, 독서는 공부의 일부가 아닌 취미의 한 부분이라는 것을 이야기하고 싶었다. 좋은 독서를 위한 올바른 방법 따위는 없고 그건 스스로가 만들어 가야 한다고 생각한다. 나는 이 책을 통해 '이거 해라', '저거 해라'는 식의 강요가 아닌 취미로 하게 되었을 때의 좋은 점을 내 경험을 통해 공유하는 데 성공했다.

방향성에 대한 베팅

CFA에 대한 결과를 받아들이고 한동안 정신을 못 차렸을 때, 하는 것마다 자꾸 미끄러진다는 생각이 들었다. 이는 곧 내가 쓴 글에 대한 자신감 하락으로 이어졌다.

'일반인이 책을 쓰고 투고를 하는 게 정말 힘들다는데 내가 할 수 있을까?'

'비록 원고는 썼지만 이게 과연 통할까?'

적어도 당사자인 나만큼은 확신을 가져야 했다. 내가 가는 길이고 누구보다 그 길을 잘 알고 있어야 하는 게 맞았지만, 나는 정작 결과물(초고)을 내놓고도 불안해했다. 마치 매번 살얼음판에 내던져진 느낌이었다. 어느 날 생각에 지친 나는 친구에게 전화를 걸었다.

"솔직히 잘 모르겠어. 내 책이 출간될 수 있을까? 계속 출판사에 보내고 있긴 한데 쉽지 않네."

"대익아. 그러지 말고, 너 글 쓰는 거 좋아한다며. 그럼 출판사 같은 데 들어가서 일해 봐. 어쨌든 글과 관련된 일이잖아. 가서 네가 직접 책도 만들어 보고 마케팅도 해 보면서 경험이 쌓이면 책을 좀 더 쉽게 쓰지 않을까?"

"나는 그냥 내 글이 쓰고 싶은 거야. 누구의 글을 봐주고 가능성 있는 남의 글을 찾는 게 아니라. 내가 내 글을 쓰겠다는데 꼭 출판사에 들어가서 일을 해야 할까?"

"아니, 그래도 투고해서 출간된다는 게 그만큼 힘든 거잖아. 너도 잘 안다며. 너무 좁은 문으로 들어가려고 하는 것 같아서 그런 거야."

"네 말이 무슨 말인지는 알아. 하— 나도 잘 모르겠다. 자기 방식대로 해 보는 것도 엄청난 용기가 필요한 일이구나. 조만간 얼굴이나 한번 보자."

친구의 말도 틀린 말은 아니다. 출판사에 들어가서 책이 나오는 과정을 경험해 보면 출판의 메커니즘을 좀 더 쉽게 이해할 수도 있을지 모른다. 그리고 그것을 알면 좀 더 트렌드에 맞는 글을 쓸 수 있다는 것도 꽤 설득력 있는 논리다. 친구의 의견을 존중하지만 나는 내 방식을 고수하기로 했다. 이유는 내가 하는 결정에도 타당성이 있다고 생각했기 때문이다. 말 그대로 내가 직접 책을 써 보고 싶었던 거였지, 출판의 경험이 필요했던 게 아니었다. 내 글을 쓰는 과정에서 출판의 메커니즘을 알아야 하는 것은 선택이지 필수는 아니라고 여겼다. 글을 쓰고 싶으면 글을 쓰면 된다. 책을 내고 싶다면 그냥 책을 내는 것에만 집중하는 것이 내가 살면서 체득한 지혜였다. 서로의 의견에서 한쪽이 명확하게 틀린 주장이 아니라면 그건 방향성의 문제다. 정답이 없는 선택을 내릴 때는 본인 판단이 가장 중요하다고 생각한다. 나는 본인에게 어울리는 길은 스스로 찾을 수 있어야 한다는 믿음을 가지고 꾸준히 투고했다.

'조금씩 꿈이 구체화된다는 게 이런 느낌일까?'

어느덧 나는 내 글을 인정해 주는 출판사를 만날 수 있었고 계약은 일사천리로 진행되었다. 글이 책이 되는 과정을 보면서 느낀 게 있다. 하나는 내 결실을 만들어 내기 위해서는 꾸준함이 동반되어야 한다는 것이고 다른 하나는 지속적으로 쓰고 싶은 주제에 대해 갈망해야 한다는 것이다. 써 보고 싶은 주제, 표현해 보고 싶은 생각, 나에 대한 이야기 등이 구체화 되는 과정은 끊임없이 내 안의 무언가를 탐닉하는 작업이다. 꾸준히 무언가를 하고 있지만 고민하지 않는다면 그건 원하지 않는 일이다. 그러나 꾸준히 해 오면서 그 안에서 뭔가를 선택하려는 시도를 지속한다면 그게 바로 원하는 일일 것이다. 방향성에 베팅하는 용기는 본인이 그것을 얼마나 갈망하는가에 달려 있다.

3

To Be Myself

고민의 출발

20대 후반, 그렇게나 되고 싶었던 애널리스트의 꿈이 무너져 내리는 모습을 보면서 참 많은 생각이 들었다. 그건 다가오는 미래에 대한 두려움이었다. 취업의 시기는 다가오는데 도대체 어디에 내 인생을 맡겨야 할지 몰랐다. 막막했으며 조언을 구할 데도 없었다. 가장 의지했던 책마저 이때만큼은 철저히 나를 외면했다. 나는 책상에 종이를 올려놓고 모든 가능성에 대해 적어 봤다. 좋아하는 것, 싫어하는 것, 하고 싶은 것, 해 보고 싶은 것 등을 일일이 나열하며 내 삶의 지향점을 다시 원점에서 찾으려 노력했다.

누구나 많은 돈을 벌고 싶어 할 것이다. 모두가 부자가 되는 삶을 꿈꾼다. 하지만 누구나 임원을 꿈꾸지도 않고 인생을 기업에만 바치고 싶어 하지도 않는다. 모두가 성공을 원하지만 그 성공이 꼭 기업 안에서의 대단한 성취만을 의미하는 것은 아니다. 내가 그랬다. 많은 돈을 벌고 싶었고 부자가 되고 싶었다. 하지만 회사에 들어가 최고의 자리를 목표로 가졌던 적은 한 번도 없었던 것 같다.

'나도 많은 돈을 벌고 싶은데…. 회사에서 내가 그런 치열한 경쟁을 뚫어 낼 수 있을까?'

'정말 내가 0.1퍼센트의 주인공이 될 확률이 있긴 한 걸까?'

나다운 삶을 살고 싶어 하는 근원적인 고민의 출발은 바로 여기서부터였던 것 같다. 치열한 경쟁에서 버틸 자신이 없으니 처음부터 경쟁을 하지 않아도 되는 삶을 끊임없이 고민했던 것이다. 수많은 공상들이 떠올랐지만 이들이 나에게 주는 첫 메시지는 모두 같았다. 그건 내스스로가 먼저 그러한 경쟁에서 내려와야 한다는 것을 받아들여야 한다는 뼈아픈 깨달음이었다. 경쟁 사회에서 시선을 의식하지 않는다는 것. 그건 비교와 우위를 극명하게 가르는 우리 대한민국에선 갖기 힘든 삶의 태도였다. 그러나 나는 더 나은 대안을 찾지 못한 채 하는 수 없이 이 삶을 선택했다. 결국 받아들이는 과정을 통해 내 인생의 키를 온전히 움켜쥘 수 있게 되었다. 물론 여전히 힘들 때가 많다. 꿈에 대해 이야기하면서 상처도 많이 받았고 풋내기를 대변하는 나이라 그런지 아무도 귀 기울여 주지 않았다.

'네 미래를 위해서는 지금 이걸 해 놔야 돼.'

'먹고 살려면 어쩔 수 없는 거야.'

삶에 대한 방향을 정하면서 내가 가지고 싶었던 무기는 '후회 없는 삶'이었다. 현실을 고려해서 어쩔 수 없는 선택을 내리는 이들과는 분명 다르게 살고 싶었다. 그래서 나는 다짐했다.

"그래. 내가 가진 '젊음'을 저축하지 말고 '소비'하자. 아무것도 보장받지 못하면서 허울뿐인 그저 '더 나은 미래'라는 이름에 내 젊음을 담보 잡히지 말자. 차라리 시원하게 써 버리자. 한 올도 남기지 않고 내 젊음을 '경험'과 맞바꾸자."

누구나 나이는 똑같이 먹는다. 흘러가는 세월을 아무도 붙잡을 수 없다. 나는 이 젊음을 단지 미래를 향한 원료로만 쓰고 싶지 않았다. 이미 다들 그렇게 살고 있으니까. 포기할 것을 마치 당연하게 강요받아 살며 남겨진 거라곤 기껏해야 현실에 대한 자조 섞인 푸념만이 가득찬 이들과는 분명 다르게 살고 싶었다. 그리하여 나는 내 젊음을 기회비용 삼아 원하는 것을 해 보면서 후회를 남기지 않는 삶을 살기로 마음먹었다. 하고 싶은 것을 해 보면서 가장 좋았단 점은 내가 찾는 비교 대상이 사라져 버린다는 데 있다. 대기업에 취업한 직장인이 나와 동일한 기준이 될 수 없으며 그 나이 때에 행한 당연한 행동들 역시 나와 비교하는 것은 무리였다. 그건 내가 처음부터 지향했던 삶이 아니기 때문이다. 유일한 비교 대상이라면 바로 '어제'의 내가 아닐까? 전날의 내가 바라 왔던 노력을 오늘 하고 있다면 그것만으로도 발전된 삶이다. 매 순간 반걸음을 더 나아가려 다짐하고 단 5분이라도 미래의 삶에 진지하게 고민하고 있다면 그건 분명 어제보다 더 나은 오늘이 된다.

불안함과 책임감을 내 편으로 만들기

20대는 고용인의 관점에서 봤을 때 참 다양하게 활용해 볼 수 있는 연령대다. 즉 어딜 가나 쉽게 돈을 벌 수 있다는 의미다. 그러나 다른 말로 표현하자면 매번 최저 시급의 언저리에 머물러 있다는 뜻이기도 하다. 스물일곱 살의 최저 시급, 스물여덟 살의 최저 시급, 스물아홉 살의 최저 시급처럼 사회에서의 내 경험치는 사회가 정해 주는 급여 인상률만큼만 획득할 수 있었다. 내가 '젊음'을 소비하면서 잃은 것은 '전문성'이다. 한 직장에 오래 머무르려 하지 않다 보니 일하는 분야의 전문성이 오를 리 없었다. 반대로 얻는 것도 있다. 다양한 분야의 직업 군을 체험해 보고 이들로부터 얻는 인사이트가 편협한 시각을 벗어나는 데 많은 도움을 주었다.

기준에서 벗어난 삶, 스스로의 삶을 개척해 오는 동안 한 가지가 지독히도 나를 괴롭혔다. 그건 바로 '불안함'이다. 나는 젊음을 소비하면서 내가 느끼는 불안함을 없애 보려고 노력했다. 그러나 이 감정은 결코 없어지거나 소모되지 않았다. 그저 내 삶의 방향이 구체적일수록 무뎌질 뿐이었다. 그럼에도 나는 불안함을 부정적으로 바라보지 않는다. 오히려 이 감정은 다양한 도전을 하는 데 있어 원동력이 되어 주었고 내가 바라보는 앞날에도 긍정적인 사고를 하게 했다. 불안함은 일종의 빚과 같다. 커 가는 불안이라는 빚을 갚기 위해 끊임없이 노력한다는 의미다. 노력하면서 미련이 남았으면 그걸 없애고 후회가 들면 아쉽지 않게 다시 해 보면서 과거의 시도에서 부족했던 것들을 재도전을 통해 채워 나가는 과정을 반복한다.

'하고 싶은 것을 하고 있는데 ~ 때문에 못 했어.'라는 말은 적어도 내가 지키려 하는 삶의 방식에선 통하지 않는 문장이다. 세 번을 해도 미련이 있다면 네 번을 하면 되고 그래도 남으면 다섯 번, 여섯 번을 해 보면서 미련을 지워 버린다.

원하는 미래를 그려 나갈 때 불안함과 더불어 가장 크게 느끼는 감정은 '외로움'이었다. 가끔은 내 편이 아무도 없다는 쓸쓸함에 도망가고 싶었다. 때로는 막연한 미래에 파묻혀 순간의 결정에 대한 부담감이 나를 짓누를 때도 많았다. 그러나 나는 알고 있다. 내 삶이 가장 빛날 수 있으려면 선택의 순간에 적극적인 의사 결정을 해야 한다는 것을. 여기에 더 중요한 한 가지, 나는 반드시 선택에 책임을 지겠다는 확고한 의지도 갖추려 했다. 주체적인 선택에는 그에 맞는 책임이 요구되어져야 한다. 책임감이 뒷받침되지 않는 상황에서 내린 판단은 무의미한 클릭질에 불과하다. 결국은 감당할 수 있는 여건하에서 선택을 해야만 후회도, 아쉬움도 남지 않는다.

책임감을 진지하게 대할수록 원하는 이상향과 현실 사이에서는 타협점이 생기게 된다. 책임감을 너무 높게 설정하면 현실 순응에 가까워지는 결정을 하게 되는 것이고 반대로 낮게 설정하면 잃어야 할 것들이 커진다. 자신이 감당할 수 있는 책임감의 경계를 잘 알아야 한다. 이렇듯 책임감을 갖는다는 것은 해야 하는 것과 좋아하는 것들 사이를 헤집고 나가려는 굳은 의지의 표상이다.

나에게 있어 책임감이란 곧 마주해야 하는 현실을 의미했다. 하고 싶은 일을 하는 데 있어서 지독히도 지원을 받지 않았던 배경엔 그 안에 담긴 내 선택이 당당했다는 것을 의미한다. 20대 중반, 자격증 비용 마련을 못 해 꿈을 접었던 건 결과에 대한 실패의 책임을 누구에게도 짊어지게 하고 싶지 않아서였다. 호주 워홀을 가기로 마음먹고 투잡을 결심했던 것도 내가 처한 현실을 적극 인정하면서도 그 안에서 꿈을 지키기 위한 일종의 타협이었다. 어디 그뿐인가. 텐트라는 최악의 환경에 머무는 동안에도 나는 '영어'라는, 내가 호주에 온 목적을 잊지 않기 위해 악착같이 영어 책을 읽어 냈다. 가장 힘든 시절이었음에도 내가 가진 습관은 그때가 제일 빛나 있었다.

도전하고 투자해서 얻은 시도 중에 다수의 실패(금융 계통으로의 진로를 포기 등)가 있을 수는 있어도 그 결과가 결코 부끄럽지 않았다. 그 정도의 기회비용을 짊어질 자세가 되어 있었다. 해야 하는 것들을 어떻게든 지켜 가며 내가 좋아하고 해 보고 싶은 도전을 차곡차곡 쌓아 나갔다.

마침내 이러한 경험들은 각자 의미 있는 자산으로 남을 수 있었다. '실패한 경험 따위는 없다'는 사실을 나는 버리지 않고 체득해 더 나은 내 모습으로 만들어 냈다.

경험이 자산이 됐던 순간들

악착같이 모은 돈이 내 집 마련의 시드 머니가 돼 주었다

첫 회사를 그만두고 어떤 삶을 살아야 할지 고민하는 과정에서 나는 인생의 가장 중요한 결정을 했다. 그건 엄마의 아파트를 같이 갚아 나가겠다고 이야기해 버린 것이다. 그렇게 엄마와 나는 경제 공동체가 되었다.

대출금 갚기 프로젝트는 정말 눈물겨운 수준이었다. 일전에도 얘기했듯이 이를 위해 곧 바로 투잡을 알아봐야 했었고 맥카이 시골의 텐트에서 매일 라면만 먹으면서도 6개월마다 꼬박꼬박 상환액을 송금했다. CFA를 다시 준비하는 백수일 때도 마찬가지였다. 나는 호주에서 벌어놓은 돈의 일부를 미리 지급하는 등 내가 당당해질 수 있는 선에서는 최선의 노력을 다했다. 70만 원에서 시작한 월 상환액은 어느덧 최고 150만 원까지 치솟았다. 이런 각고의 노력을 한 결과, 나에게도 드디어 내 집을 장만할 수 있는 기회가 주어졌다. 그리고 결국 나는 이 기회를 꽉 움켜쥐며 서울에서 내 집을 마련하는 데 성공했다. 물론 순전히 내 힘으로만 이뤄 낸 것은 아니다. 집의 지분 구조를 보자면 은행이 1대 주주고 그다음으로는 엄마, 나로 이어진다. 그러나 이는 전략적 목적으로 움직인 행동이었기에 결과적으로 우리 모두에게 유리한 거래였다. 이를 통해 엄마는 부채를 해결함과 동시에 잃은 것이 없었고 나는 자산을 가질 수 있었다. 단순히 돈을 꾸준히 모은 것을 보여 주려고 이 내용을 공유한 것은 아니다. 실제로 정말 큰 돈을 모은 것도 아니었다. 다만 나는 나에게 주어진 책임감을 절대 허투루 쓰지 않았다는 것을 증명해 보이고 싶었다. 내가 착실히 갚았던 상환액은 후에 실패해도 좌절하지 않게 만드는 든든한 버팀목이 돼 주었다. 기회가 왔을 때 나는 그것을 잡기 위해 무수히 돌아다녔고 또 수십 번 알아보며 내 선택에 책임지는 모습을 보여 왔다. 내가 설정한 계획에 맞게 움직이려 했던 과정 자체가 나에게는 모두 책임감의 일환이었던 것이다. 일례로 내가 구매한 부동산은 직전 거래에서 무려 8000만 원이나 차이가 났다. 그럼에도 불구하고 과감하게 베팅할 수 있었던 배경에는 내 스스로가 살 집을 가치평가 하고 판단했던 과정이 있었기에 가능했다. 결국 이 선택은 내 자산 가치를 향상시키는 방향으로 이끌어 주었다. 현재의 나는 적어도 재테크 관점에서 자산 배분을 끝낸 상태다. 과거에 배웠던 금융지식을 활용해 부동산 외에도 꽤 적지 않은 자금이 주식에도 투자되어 있다. 물론 내 돈만은 아니기에 많은 상승을 기대하는 종목보단 크게 떨어지지 않을 회사에 넣어두고 있다. 인플레이션 시대를 맞이해서 내가 가진 모든 자산은 현재 인플레이션이라는 배에 올라타 있다. CFA는 떨어졌을지 몰라도 그 누구보다 경제 신문을 열렬히 구독하며 하루를 살아가고 있다. 물론 여전히 급여를 받아 가면서 말이다.

워킹 홀리데이에서 최고의 콘텐츠를 만들어 냈다

아직 길지 않은 삶을 살아왔지만 내 인생에서 가장 기억에 남는 시절을 이야기하라고 한다면 나는 늘 스물여덟 살 시점에서부터의 내 모습이라고 말한다. 그때의 나는 이랬다. 워킹 홀리데이 하나를 목표로 삼아 악착같고 치열했던, 투잡을 견뎌야만 하는 그야말로 지옥의 순간들을 살았다. 암담한 현실에 현타가 올 때가 한 두 번이 아니었다. 어쩌면 그때 나는 정말 세상과의 편견에 정면으로 도전하고 있었는지도 모르겠다. 그런데도 이 시절이 나에게 특별했던 이유는 어떤 모험이든 한계치에 이르렀지만 포기하지 않았다는 데 있었다. 생각해 보면 미련한 짓이었다. 투잡을 하는 도중에도 깨어 있는 순간에는 중얼중얼 영어 문장을 암기했다. 당장 영어 학원을 가라는 주변의 이야기에도 전화 영어를 통해 어떤 식으로든 이를 보완하려 했다. 여기에 글 쓰는 것도 포기하지 않았다. 나는 없는 시간을 쪼개가며 쉬는 날만 되면 내가 느끼는 감정과 읽은 책들을 블로그에 기록했다. 워킹 홀리데이를 목표로 이를 준비하는 과정들이 모두 여기에 기록으로 남을 만큼 다채로운 인생을 살았다고 이야기할 수 있겠다.

호주에서의 시간은 또 어떤가? 남들처럼 오자마자 일 구하는 데 집중하고 영어 공부하다 좌절하는 내용의 연속이다. 어쩌다 영어 독서를 하게 됐지만 그렇다고 전문가처럼 생색을 낼 수 있는 수준은 아니다. 처음에 내가 꿈꿨던 네이티브로서의 이미지와는 전혀 상반된 나만 있을 뿐이다. 그렇다. 딱 그 정도였다. 그러나 나는 내가 했던 워킹 홀리데이에서 영어 독서라는 부분을 빼내 이를 책으로 만드는 작업을 시작했다. 그러자 놀랍게도 나의 평범한 경험들이 모두 의미 있는 순간으로 재탄생되었다. 나의 영어 분투기가 사람들에게 공감이 되는 이야기로 바뀌었던 것이다. 영어 독서가 공부가 아닌 취미로서 다가갈 수 있다는 생각의 전환은 사람들이 한 번쯤 생각해 볼 수 있는 계기가 되어 주었다. 이 책은 곧 어느 유명 아나운서의 유튜브에 소개되는 영광을 누렸다. 책의 전파력은 점점 커지더니 어느덧 많은 동네 또는 학교, 심지어 서울대 도서관에서도 내 책을 볼 수 있다. 결국 나는 어느 중학교 선생님들을 대상으로 강연까지 해 볼 수 있었다. 아이들도 아닌 중·고등학교 영어 선생님에게 영어 독서에 관한 내 견해를 이야기한 것은 정말 특별하고, 영광스러운 경험이었다. 나는 영어 독서에서 선생님과 학생은 수평적인 관계여야 한다는 것을 강조하며 정확한 해석을 가르치려는 것보다 학생들이 읽고 느낀 점을 가감 없이 말할 수 있는 환경을 조성해 주는 것이 필요하다고 이야기했다.

이 모든 것의 출발점은 워킹 홀리데이였다. 치열한 고민 속에 나온 최선의 선택들을 이야기에 담고 싶었고 워킹 홀리데이는 그 선택들의 구심점 역할을 해 주었다.

끊임없는 투고 거절에도 내 글쓰기는 멈추지 않았다

『영어 독서가 취미입니다』라는 책을 낸 뒤 '다음 책 쓰기는 좀 수월하겠지'라는 생각을 했는데 오산이었다. 한 달 만에 초고를 써냈던 전작과는 달리 두 번째 책은 쓰는 기간만 6개월이 걸렸다. 어렵게 완성시킨 초고는 투고 시장에서 철저하게 외면당했다. 유명 출판사, 에세이 책을 위주로 내는 출판사 등 수십 군데가 넘는 곳에 이메일을 보냈지만 돌아오는 건 완곡한 표현의 거절 답신이었다. 브런치 작가를 꿈꾸며 그곳의 의도에 부합할 수 있도록 문장을 여러 차례 다듬어 공모했지만 실패했다. 여기에 주변에서 에세이로서의 경쟁력이 떨어진다는 비판마저 듣게 되자 자신감은 작아져만 갔다.

그렇다고 이대로 포기하기는 싫었다. 아무리 내 글이 볼품없다 해도 휴지통에서 삭제되기에는 그동안 노력한 시간이 너무 아까웠다. 결국 나는 독립 출판을 해 보기로 마음먹었다. 인디자인 프로그램을 배우고 스스로 퇴고 작업을 하는 등 작가 겸 편집자의 일을 병행했다. 돈이 되는 일은 아니었기에 생계 활동은 꾸준히 했다. 퇴근 후의 모든 시간을 독립 출판에 집중했을 만큼 하나하나 치여 가며 준비했다. 인디자인을 잘 다루는 친누나에게 피드백을 부탁했고, 친구에게 표지 디자인을 맡기면서 내 노력은 책의 모습으로 나타났다. 결국 초고를 쓴 지 1년이 넘어서야 내 두 번째 책을 세상에 유통시킬 수 있었다.

이전에 나는 글을 쓰고 싶다면 글을 쓰는 데 집중하고 책을 내고 싶다면 책을 내는 데 집중해야 된다는 말을 한 적이 있다. 이는 나의 사고방식이자 행동 강령이다. 그때 투고만 고집했다면 내 글은 지금쯤 노트북 휴지통에 남아 있을 것이다. 마케팅을 전혀 하지 않아 책이 많이 팔리지는 않았지만 그것은 중요하지 않았다. 내가 좋아하고 재미있어 하는 작업이 나에게 어떤 희열을 주는지 알게 되었으니까. 첫 책은 상업 출판 투고를 통해 세상에 나왔고 두 번째 책은 내가 직접 기획하고 만들어 냈다. 지금 여러분이 읽고 있는 이 세 번째 책은 내 첫 책과 두 번째 책을 읽은 출판사 관계자로부터의 출간 제안을 통해 만들어졌다. 그리고 나의 또 하나의 커리어가 되었다.

에필로그

"성공의 반대는 뭡니까?

실패입니까?

도전하지 않는 거죠.

성공의 반대는 실패가 아니라 도전하지 않는 거죠!

왜 도전을 안 하십니까?"

이 말은 원래 유명 수능 강사가 학생들을 자극시키기 위해 내뱉은 쓴소리 중의 하나였다. 그런데 어느 순간부터는 자기 계발 영상에도 종종 활용되기 시작하면서 내가 좋아하는 문구가 되었다.

이전의 경험이 또 다른 도전의 밑바탕이 된 순간들은 이후에도 여러 차례가 있었다. 과거 보험설계사로 일했던 3개월의 경력은 훗날 보험 전문 기자로 취업을 하는 데 쏠쏠한 참고가 돼 주었고 무의미할 것 같았던 금융 자격증은 돈과 관련된 사고의 범위를 넓혀 주었다. 덕분에 나는 재테크에 대한 스스로의 기준을 하나둘씩 정립해 나가고 있다. 대학생 때 잠시 배운 피아노의 매력을 다시 한번 느껴 보고자 작년 3월부터 피아노 학원을 다니는가 하면 예전 캐주얼 바에서 일했던 경험을 살려 양주 및 칵테일 등의 홈텐딩을 취미로 하고 있다.

다양한 도전을 해 오면서 나는 도전의 최종 목표를 성공이 아닌 그 안에서 지속 가능한 의미를 찾아내는 과정이라 여겼다. 영어를 잘해 보고 싶어 다녀온 호주에서는 화려한 회화 실력보단 꾸준한 영어를 할 수 있는 것에 좀 더 마음이 끌렸다. 그리고 선택한 영어 독서에서 나는 외국어에 대한 미련을 완전히 놓아줄 수 있었다. 금융·재무 자격증이 있음에도 관련 회사에 취업을 못 한 것에 크게 주눅 들지도 않았다. 오히려 지금처럼 신문을 읽고 경제 콘텐츠를 접하는 것으로도 아주 만족하고 있다. 나에게 있어 경험을 자산화(이는 그저 결과일 뿐이기에)하는 것보다 더 중요한 것은 따로 있다. 그건 내가 믿고 옳다고 생각한 결정들을 직접 선택해 가며 살아가는 삶의 방식이다. 물론 내가 한 선택이 전부 옳았다고 볼 수만은 없다. 그러나 시도조차 못 해 보고 이끌려 가는 삶보단 치열한 고민 속에 내가 직접 경험치를 쌓아 올리려는 시도를 더 많이 했다. 이유는 명확했다. 그것만이 삶의 방향성을 결정짓는 순간, 과감 없이 베팅할 수 있는 '자신감'으로 이어졌기 때문이다. 그것은 인생의 나침반을 스스로 세워 볼 수 있는 기준을 정하는 데 도움이 되었다.

어쩌면 사람들은 그동안 실패를 피하려 했던 게 아니라 결국 이도 저도 아닌 삶을 살아가는 자신의 모습을 가장 두려워했던 게 아니었을까 하는 생각을 해본다. 나는 당장의 조그만 시도에도 내가 원하는 도전으로, 내 방식대로 해 나가는 연습을 꾸준히 했다. 내가 설정한 목표가 비록 남들과 똑같았더라도 말이다. 그것마저 내가 결정한 선택이었으면 그걸로 충분했다.

앞으로의 사회생활에서 어떤 변수가 있을지, 또 계획이 어떻게 틀어

질지는 아무도 모른다. 단지 그 안에서 스스로의 내가 주체적인 삶을 살고 있다고 믿는 내 자신이 중요하다. 수십번의 도전에 실패하고 인생을 건 모험에 무참히 깨져도 내 의지대로 행동했으면 됐다. 설령 그 결과가 다시는 오지 못할 세월을 낭비했어도 말이다. 적어도 나란 인간은 원했던 삶에 어쨌든 문을 두드려 본 경험을 가지고 있다.

엄청나게 흔들릴 것이다. 앞으로도 수천 번은 현실과 이상 사이에서 허우적거리는 내 모습을 더 자주 발견할지도 모르겠다. 그럼에도 나를 믿어 본다. 그리고 나는 그 안에서도 분명 나다운 결정을 내리고 있을 것이다.